ÉTUDE

SUR LE

POUVOIR ROYAL

AU TEMPS DE CHARLES V

PAR

ERNEST LAVISSE

Extrait de la *Revue historique*

(Les tirages à part ne peuvent être mis en vente.)

PARIS

1884

ÉTUDE

SUR LE

POUVOIR ROYAL

AU TEMPS DE CHARLES V

L'histoire des progrès accomplis par le pouvoir royal au détriment des feudataires et des communes est l'histoire même de l'unification de la France. Pour l'écrire, il faudrait remonter au temps où les feudataires exerçaient le pouvoir législatif, faisaient grâce et justice, battaient monnaie, établissaient les communes, nommaient aux évêchés, agissaient en un mot comme des souverains ; mettre en présence de ces personnages le roi, qui est dans son domaine un seigneur semblable aux autres, mais qui est le roi ; étudier l'action de l'autorité royale dans le domaine et la suivre dans le royaume. L'historien ne peut faire cette distinction que par une grande attention au détail et par l'effort d'une perspicacité soutenue, car l'autorité royale avait des moyens très divers d'entreprendre sur les vassaux, et elle n'était si redoutable que parce qu'elle ne se laissait pas définir. La royauté capétienne était en effet fort compliquée ; c'était l'ancienne royauté franque avec son pouvoir général, législatif, militaire, judiciaire, sorte de dictature procédant et du pouvoir impérial romain et des circonstances historiques, c'est-à-dire du trouble même et des désordres au milieu desquels elle s'était formée. Contrariée, diminuée, usée par toutes sortes de résistances et d'oppositions, elle avait gardé en passant des Carolingiens aux Capétiens le souvenir et comme la théorie de ses droits anciens. Mais une théorie et un souvenir ne sont propres qu'à consoler dans leur décadence les pouvoirs déchus, et la royauté capétienne aurait été bien vite étouffée, si elle s'était contentée d'être un débris du passé. Elle s'accommoda du présent, ou plutôt la force des choses l'y accommoda.

La féodalité, s'achevant sous les premiers Capétiens, ne supprima point la royauté ; en faisant de l'ancien bénéficiaire ou de l'officier royal un seigneur, elle changea profondément le mode des relations qui existaient entre le roi et lui, mais elle les laissa subsister : le roi demeura en droit souverain juge, législateur et chef de guerre. Dans l'édifice féodal terminé, la royauté eut sa place, qui fut très considérable, celle de la clef de voûte. Le roi, à ne le considérer que comme un personnage féodal, comme *souverain fieffeux* et *universel pardessus*, a les droits les plus étendus. Un de ces droits a permis à Philippe-Auguste de confisquer la Normandie, et de donner du même coup à la royauté la force matérielle.

Dès lors, l'avenir est assuré : théories vieilles et nouvelles, droits anciens et droits nouveaux, les uns gardés par la mémoire tenace des ecclésiastiques et inscrits dans les formules de chancellerie, les autres exprimés dans les livres des juristes sont employés par les rois, qui peuvent en prouver la justesse, les armes à la main. Ancienne royauté franque, telle que la comprenait Hincmar ; royauté féodale, telle que la montre Beaumanoir, se confondent dans un pouvoir, que personne ne peut définir. Au même moment, passant par-dessus Carolingiens et Mérovingiens, les légistes retrouvent et dressent devant la société féodale le *princeps* romain avec son droit « escrit en code, » ce mortel ennemi des coutumes, et le roi de France passe despote. Mais voici qui achève ce grand pouvoir monarchique ; l'homme qui a reçu à Reims l'onction, qui se croit et que l'on croit élu par Dieu même, ne peut être un tyran vulgaire : sa haute dignité sacrée couvre les violences et les perfidies commises par lui au cours de ce travail patient et jamais interrompu, qui, poussant l'autorité royale jusqu'aux frontières du royaume, constitua la France.

Cette diversité dans le caractère de la royauté mettait à sa disposition une telle variété de moyens que les progrès qu'elle fit sont malaisés à suivre. Aussi est-il désirable que l'on rende aux études historiques et à l'enseignement de l'histoire le service de marquer les étapes de ces progrès par une série de travaux, où, sans entreprendre de raconter un règne, on produirait des documents et des faits aussi bien choisis que possible pour faire voir à quel point la royauté était parvenue à une date déterminée. C'est un travail de cette sorte que j'entreprends ici : il n'y sera point question de la personne de Charles V, ni de l'administration de ce prince, si intéressantes que soient la personne et l'administration. Le nom ne figure que pour donner une date, laquelle n'a pas été d'ailleurs choisie au hasard ; car, pendant ce règne où la royauté française a été remise en état après de grands désastres, on voit bien ce qu'elle veut et l'on mesure ce qu'elle a déjà fait. Je n'ai point cherché de documents hors du recueil des *Ordonnances* et du volume où M. Léopold Delisle a réuni des *Mandements et actes divers de Charles V.* Il n'est point nécessaire pour une étude comme celle-ci de tenir entre ses mains toutes les preuves possibles des faits que l'on expose : il suffit que celles qu'on emploie soient de véritables preuves.

I.

Les *Ordonnances* et les *Mandements et actes divers de Charles V*[1] suffisent à montrer que l'autorité royale s'exerce sans conteste, bien qu'avec des précautions, dans les domaines féodaux en matière de justice, de guerre et de finances.

La royauté avait depuis longtemps gagné ce point que toute cause pût être portée en appel, soit devant ses baillis et sénéchaux, soit devant son parlement. C'est en exploitant ce droit dans le duché de Guyenne que Charles V en a conquis une grande partie. On sait en effet que l'appel porté par les vassaux du prince de Galles au parlement précéda la guerre de 1368. Charles avait soigneusement préparé cet appel en organisant au pays de Guyenne une sorte de conspiration contre le plus redoutable de ses vassaux. Le 28 novembre 1368[2], il fait savoir aux trésoriers généraux des aides qu'il est à sa connaissance que son très cher et féal cousin le comte de Périgord se propose d'en appeler à lui et à sa cour souveraine de Parlement

---

1. Dans la *Collection des documents inédits sur l'histoire de France.*
2. Mandement n° 478.

« de plusieurs griefs que nostre très cher et très amé neveu le prince de Galles, duc de Guienne, lui a faiz et s'efforce de faire par lui et par ses officiers ; » et il ajoute : « ou cas qu'il appel--lera de nostre dit neveu à nous, *qui sommes seigneur souverain du pais de Guienne*, et que, pour cause du dit appel... nostre très cher et amé frère le roy d'Angleterre ou nostre dit neveu le prince susciteroient et feroient guerre, en appert ou en couvert, en quelque manière que ce soit, à nostre dit cousin ou à nous, et nostre dit cousin fust avecques nous et de nostre aide en ce fait, nous lui ferons bailler et délivrer quarante mille frans d'or sur les aides de la langue d'oc chacun an... tant comme la dicte guerre durera... » Pareil engagement est pris[1] huit jours après envers le sire d'Albret, « lequel a appelé à nous de nostre très cher et amé frère le roy d'Angleterre et du prince de Gales, duc de Guyenne, nostre neveu. » Le sire d'Albret recevra soixante mille francs d'or par an, tant que la guerre durera, et le premier quartier lui sera baillé tout de suite « pour lui aider à réparer, garnir et avitaillier ses forteresses. » Au mois de juillet de l'année suivante[2], le roi fait don « de deux mille livrées de rente à héritage » à un féal chevalier du pays de Guyenne, Raymon de Marcul, qui a toujours eu bonne amour, vraye loyauté et affection à lui et à ses prédécesseurs, « esquelles continuant il s'est adhers aus appellacions faites contre Edwart, aînsné fils de Edwart d'Angleterre, par nostre cousin d'Armignac et plusieurs autres nobles, pour cause du ressort et soveraineté de la duché de Guienne, » prenant et reconnaissant ainsi le roi de France pour son « soverain seigneur à cause du dit ressort. »

Nous avons dit que ce droit d'appel n'est point nouveau ; les ducs d'Aquitaine, rois d'Angleterre, le reconnaissaient, en un temps où ils étaient singulièrement plus puissants que les rois de France ; mais les exemples qui viennent d'être cités montrent quel puissant secours nos rois tirèrent de leur qualité de chefs de la hiérarchie féodale pour acquérir la France. Les ducs de Guyenne sont les plus puissants feudataires du roi ; des grands vassaux d'autrefois, ils restent seuls avec les comtes de Flandre, depuis que le duché de Normandie, les comtés de

1. Mandement nº 480.
2. Mandement uº 561.

Toulouse et de Champagne ont été réunis au domaine et que le duché de Bourgogne a été donné à un frère de Charles V. Rois d'Angleterre en même temps que ducs de Guyenne, établis depuis longtemps dans le pays, depuis longtemps aussi en guerre avec les rois de France, ils n'ont pu, en dépit de tant de victoires, en dépit même du traité de Brétigny, rompre le lien de vassalité : le roi demeure souverain seigneur de Guyenne et il suffit qu'il reçoive ou provoque des appels pour faire naître la guerre au moment qu'il juge favorable.

Personne n'est au-dessus de la justice du roi. Cette justice a des égards particuliers pour certains criminels, mais après qu'ils ont fait leur soumission. Yolande de Flandre, dame de Cassel, cousine du roi, avait fait arrêter son fils, le duc de Bar, beau-frère de Charles V, auprès du château de Vincennes, le roi s'y trouvant. Charles ordonna au bailly de Vitry [1] de se transporter « par devers sa dite cousine, pour lui faire commandement de délivrer le prisonnier, et, si elle refuse, l'ajourner à comparoir. » Cette affaire ne fut terminée que trois ans après : elle est exposée tout au long dans les lettres de rémission octroyées par le roi à la comtesse [2]. On y voit que Yolande n'a point obéi à la citation qui lui a été adressée, qu'elle a fait mener son fils en plusieurs prisons, dans le royaume et ailleurs, au « très grant vitupère, contempt et deshoneur de nous. » Le roi l'a donc fait prendre et mettre en la prison du Temple ; elle s'en est échappée, mais elle a été arrêtée en route et réincarcérée ; alors elle se soumet en la grâce et mercy du Roi, qu'elle fait supplier par la comtesse de Flandre et d'Artois. Charles V, considérant que la comtesse « a été moult longuement détenue pour les faiz dessus dits » en ses prisons, et « meu par pluseurs autres bonnes et justes causes, » lui quitte, remet et pardonne la capture de Henry de Bar, « l'infraction, échappement et département » de la prison du Temple, et aussi les autres faits, « dont la liste est longue et donne une singulière idée du caractère de la grande dame ; car elle a fait mettre en prison et mourir un chanoine de Verdun, un clerc marié, un chevalier, homme du roi, un sergent et son varlet, qui avaient fait certains exploits de par le Roi en la ville de Bar-le-Duc. » Le pardon

1. Mandement n° 749.
2. Mandement n° 989.

de tant de méfaits n'a pas lieu de surprendre au XIVe siècle,
étant donnée la haute qualité de Yolande de Bar ; mais il n'a été
octroyé qu'après avoir été demandé humblement et sur cette
considération que la comtesse a fait long séjour en plusieurs
prisons.

Le roi étant le juge de ceux qui n'ont point d'autre supérieur que
lui, atteignant d'ailleurs par son droit de justice les vassaux de ses
vassaux, il semble que toute querelle dût être vidée par voie de
droit et la guerre privée sévèrement interdite : il n'en était rien.
Dans les temps où se forme par la lutte entre des forces adverses
la constitution politique d'un pays, on voit coexister longtemps des
faits et des coutumes contradictoires. Les premières ordonnances
contre le droit de guerre privée sont du commencement du
XIIIe siècle, peut-être de la fin du XIIe, et l'article 10 d'une ordonnance de 1367[1] expose que plusieurs nobles du royaume « se dient
aucune fois avoir guerre les uns contre les autres, combien qu'une
des deux parties ne la veuille mie, mais se offre d'ester à droit
par devant nous, et sous umbre de guerre prennent les biens des
bonnes gens et non mis seulement de leurs subgiez, mais des
autres subgiez de nous et de notre royaume. » On attend une
interdiction de la guerre privée : « Nous deffendons par ces présentes, dit le roi, que nul, de quelque état qu'il soit, ne face
guerre à autre de notre royaume ; » mais il ajoute : « et se de
l'assentement des deux parties, faisaient guerre, nous leur deffendons, sous peine de corps et de biens, qu'ils ne prennent aucune
chose sur leurs subgez... » Il s'agit donc d'une restriction, non de
la suppression du droit de guerre.

Certainement le roi n'eût pas souffert que ces guerres se
fissent dans son voisinage, ni entre grands vassaux. Il inter-
venait souvent pour imposer sa paix, et il exigeait qu'elle
fût observée. Le roi avait *dit et prononcé* la paix[2] entre
Louis de Namur et le comte de Flandre d'une part, le seigneur
d'Enghien et Jean du Moulin d'autre part ; mais Louis de
Namur continue à porter « haine et malivolence » au seigneur
d'Enghien et à Jean du Moulin et à les tenir « par manaces
en doubtes ; » le roi déclare que cette conduite est contre sa

<hr>

1. Ordonnances, t. V, p. 21.
2. Mandement n° 1984.

volonté ; que « dès le jour » où il a prononcé la paix, Louis de Namur devait faire « amour, plaisir et volonté » au seigneur d'Enghien ; il le prie, requiert et lui mande d'observer à l'avenir cette paix, et de ne rien faire contre l'honneur royal qu'il veut « garder et havoir gardé fermement, si comme il appartient. » Une autre lettre du même jour est adressée au comte de Flandre [1] ; la forme y est plus douce : le roi lui reproche aussi de n'avoir pas observé la paix, « laquelle chose, très cher cousin, n'est mie faite bien à point ; » il le prie, le requiert et lui mande de restituer au seigneur d'Enghien toutes ses terres, répète la déclaration qu'il veut son honneur garder et avoir gardé fermement, « si comme il appartient, » et termine par ces mots : « Vous plaise, très cher cousin, pour amour de nous, tant faire en cete chose qu'il nous soit agréable, et que le dit sire d'Anguien n'ait cause d'en retourner par devers nous. Très cher cousin, ce que faire en volez nous laissiez savoir par le porteur de ces présentes. » Ces ménagements étaient bien dus au comte de Flandre ; mais la lettre, pour être affectueuse et polie, n'en est pas moins pressante : il faut une réponse par le retour du courrier. Charles V n'a d'ailleurs point laissé de parler en roi et souverain au comte de Flandre, ou, pour dire plus exactement, il lui a fait parler. Il écrit en effet à la comtesse de Flandre, mère du comte, que son frère de Bourgogne lui a rapporté, de la part de son cousin de Flandre, des choses « quy sont grandez et touchent notre oneur ; » il a donc envoyé en Flandre le duc de Bourgogne, le seigneur de Couci et Bureau de la Rivière pour faire entendre raison au comte, et il prie la comtesse « sur amour, lignage, homage et tout ce en coy vous nous estez tenus, » d'induire son fils à faire son devoir « ainsy que bon cousin et suget doit faire, à moy quy suy son senieur..., quer envers ly volons sy avant faire notre devoir que Dieu la conestra, et chascun le pourra veoir [2]... » La lettre est écrite de la main du roi, et cette façon de dire par procuration des choses dures à entendre appartient bien à Charles V ; mais les choses dures n'en sont pas moins dites. Or il s'agit d'un grand vassal, d'un pair de France.

Les mandements financiers de Charles V sont intéressants,

1. Mandement n° 1985.
2. Mandement n° 1276 A.

parce qu'ils appartiennent à cette période où la royauté prépare l'introduction de l'impôt royal en France.

Après que le domaine royal se fut étendu sur presque toute la France, que l'administration se fut compliquée, que la royauté française eut entrepris maintes grandes affaires, le budget de saint Louis devint insuffisant et le roi de France fut obligé de chercher des ressources extraordinaires : il les chercha et les trouva. Comment fit-il? Il fit comme il put.

C'était chose admise que tout seigneur pouvait requérir de ses hommes, outre les redevances habituelles, certaines aides extraordinaires en des cas déterminés. Le seigneur suzerain avait droit de faire contribuer à ces aides les hommes de ses vassaux : comme elles étaient consacrées par la coutume, c'est-à-dire obligatoires, il ne traitait avec ses vassaux que de la quotité et du mode de levée ou de répartition.

Outre ces aides prévues, le suzerain pouvait demander des aides gracieuses, différant des premières en ceci que l'objet n'en était pas marqué par la coutume; elles pouvaient être refusées sans doute, mais, en somme, le devoir de fidélité faisait aux sujets une obligation d'aider le seigneur lorsqu'il demandait à l'être.

Ces coutumes et ce sentiment ont été exploités par Philippe le Bel et ses successeurs, lorsqu'ils ont levé des aides, qui n'étaient pas les aides prévues et obligatoires. Mais un seigneur n'avait pas seulement droit à des contributions pécuniaires : ses hommes et ses vassaux lui devaient le service militaire, et depuis longtemps ce service était rachetable.

Dans une longue série de documents, la corrélation est marquée entre le service militaire et l'aide réclamée. Le contribuable a le choix entre aller à l'ost ou payer sa part du rachat de l'ost : *habebunt electionem eundi in exercitum si voluerint, vel ponendi portionem suam in prisia pro redemptione exercitus facta*[1]. Le centième levé en 1293 par Philippe le Bel, à la reprise de la guerre anglaise, épargne tous ceux qui servent, *militibus et armigeris exceptis*[2]. Dans l'estimation des biens faite pour la levée de l'aide n'entre point ce qui est tenu en fief noble, parce que les fiefs ont leurs

---

1. Ordonnances, t. I, p. 3.
2. D. Plancher, *Histoire de Bourgogne*, t. I, p. CXI.

services propres, *quia feuda sunt eorum servitiis onerata*[1]. En 1303, Philippe le Bel, prescrivant à ses officiers la façon de faire accepter aux villes une de ces ordonnances, leur commande de faire entendre aux plus *suffisants* d'une ville ou de plusieurs villes ensemble, comme elle est « pitéable, spécialement pour le menu peuple et courtoise à ceux qui paieront, puisque, par cette voie de finer, » ils sont « hors de péril de leur cors, des grands coûtz de chevaux, et pourront entendre à leurs marchandises et les biens de leur terre administrer. » Ces textes ne sont pas les seuls que l'on puisse citer pour montrer comment le rachat du service militaire a servi, pour ainsi dire, à l'acclimatation de l'impôt. Or Philippe le Bel a remis en honneur le principe de l'obligation universelle du service en cas de *defensio generalis regni ;* il a prélevé chaque année des aides considérables ; la guerre des premiers Valois contre le roi d'Angleterre a rendu nécessaires et légitimes des levées d'argent continuelles : ainsi les esprits se sont habitués peu à peu, sans bien s'en rendre compte, à l'idée du devoir national de l'impôt. Il arriva donc, comme toujours, qu'une nécessité nouvelle créa un droit nouveau, non pas brusquement, mais peu à peu, non pas par des voies inconnues, mais en employant des habitudes prises et des coutumes acceptées déjà, c'est-à-dire la coutume des aides et l'habitude de les payer quand elles étaient requises[2].

Sur la question de savoir si les aides pouvaient être levées dans les terres des barons sans leur consentement, le roi hésitait ; dans l'instruction secrète de l'année 1303, citée plus haut, il dit nettement : « Et contre la volonté des barons ne faites pas ces finances en leurs terres, » mais il ajoute bientôt : « ... Cette ordonnance tenez secrée, memement l'article des barons, car il nous seroit trop grand dommage se ils le savoient. Et en toutes bonnes manières que vous pourrez, les menez à ce que ils vueillent souffrir, et les noms de ceux que vous y trouverez contraires nous rescrivez hastivement, à ce que nous mettions conseil de les rame-

---

1. Dupuy, *Histoire du différend d'entre le pape Boniface VIII et Philippe le Bel*, p. 14.

2. Voir, sur cette question de l'impôt royal, Vuitry, *Études sur le régime financier de la France avant 1789*, nouvelle série, t. II, pp. 1-202 ; — Callery, *Histoire du pouvoir royal d'imposer ;* — Flammermont, *De concessu legis et auxilii tertio decimo seculo.*

ner, et les menez et traitiez par belles paroles, et si courtoisement qu'esclande n'en puisse venir[1]. » Ce qui revient à dire aux agents royaux : Nous n'avons pas de droits sur les terres des barons ; si les barons le savent, persuadez-leur de vous laisser faire ; s'ils ne le savent pas, gardez-vous de leur dire. Pour gagner les barons et les « ramener, » il arriva souvent sans doute que le roi traita avec eux comme il fit avec le duc de Bourgogne, recevant d'eux une aide, et leur en concédant une partie ; ce qui eut des conséquences singulières et propres à bouleverser la constitution de la France ; car les barons qui, hors des cas prévus, ne pouvaient rien exiger de leurs hommes, laissèrent le roi réclamer d'eux des aides, dont ils avaient leur part, et, comme ils invoquèrent pour les lever l'autorité du roi, ils contribuèrent ainsi à faire pénétrer dans leurs domaines le sentiment de la souveraineté royale.

Au temps de Charles V, deux exemples entre beaucoup montrent que le pouvoir royal s'achemine toujours, mais avec précaution, vers l'établissement régulier de l'impôt[2]. Charles V introduit la perception des aides dans des pays où elle n'avait pas encore été pratiquée. Il a entendu dire[3] que les aides n'ont pas encore été « mis sus » en la terre du sire de Beaujeu, ni en autres lieux et pays voisins. Comme il a grand besoin d'argent pour « convertir es gens d'armes, » il ordonne à son huissier d'armes, Étienne de Cormeilles, de se transporter dans la terre du sire de Beaujeu et dans les lieux où les aides n'ont pas cours, d'appeler vers lui les élus pour le fait des aides de Lyon et de Mâcon, de « mettre sus les diz aides es diz lieux et pais, » de les y faire lever et « cueillir » pour le roi et en son nom, « tout en la forme et manière qu'ils ont cours et sont levez es aux autres lieux voisins...; » de les bailler à ferme en la terre de Beaujolais à personne « souffisante, » de la façon la « plus proufitable... pour le bien publique de notre roiaume, » et selon les règles suivies dans le domaine. Le terme de la première levée est marqué : les deniers devront être prêts le 15 février prochain ; or ce mandement est du 7 janvier 1371. Le roi semble comman-

---

1. Ordonnances, t. I, p. 370, note 1.

2. On sait que l'aide pour la rançon du roi Jean, prélevée pendant tout le règne de Charles V, a été une des occasions de l'établissement régulier de l'impôt.

3. Mandement n° 843.

der en la terre de Beaujeu comme dans le domaine ; mais on voit
par un mandement postérieur de deux années[1] que le seigneur de
Beaujeu a « benignement et gracieusement accordé les aides...
courir pour les années fenissans mil CCCLXX et mil CCCXXI en son
pays de Beaujoulais et en toutes les terres qu'il a es diocèses de
Lion et de Mascon, les quelles aides pour les dictes années n'y
avoient point couru, pour ce que pour icelles ne lez nous avoit
point accordées. » Le mandement du 7 janvier 1371 n'a donc pas
été exécuté, certainement à cause de l'opposition faite par le sire de
Beaujeu. L'opposition levée, les aides seront perçues pour ces deux
années ; mais le roi en donne la tierce partie au sire, en reconnais-
sance de ses services. Voici maintenant une tout autre manière de
procéder. Pas plus qu'en Beaujolais, les aides n'avaient encore
couru dans le comté de Charolais, qui appartenait au comte Jean
d'Armagnac ; le roi, « pour consideracion des grans frais et missions
que à nostre dit cousin, lequel est à présent en notre service pour le
bien et desfense de nostre dit royaume, faut faire et soutenir chascun
jour en faisant nostre dit service, » accorde et octroie « de grâce
especial par ces présentes que les dis aides soient mis sus, cueil-
lis et levés en la dicte terre et conté... comme es autres parties
du royaume ; » le comte en aura les deux tiers pour « en faire à
sa voulenté, » le roi l'autre tiers. Le roi commet et ordonne pour
faire lever et bailler les aides à ferme le bailli de Charolais, à
gages suffisants et convenables[2]. Comparons les deux cas. En
Beaujolais, c'est le roi qui reçoit une grâce, « bénignement » accor-
dée par le sire ; en Charolais, c'est le roi qui en fait une. En
Beaujolais, le seigneur a un tiers des aides ; il en a les deux tiers
en Charolais. En Beaujolais, le roi charge son huissier d'armes
d'organiser l'administration des aides ; en Charolais, c'est le
bailli du comte qui administrera, mais avec des gages payés par
le roi. Voilà pour un même objet des règles diverses, et cette
diversité rend très difficile l'étude de l'administration royale,
dont les façons varient selon l'occurrence ; mais, grâce à
ces tempéraments, elle pénétrait peu à peu dans les domaines
féodaux, car les aides du roi sont levées en général par ses officiers. Dans un important document et sur lequel il nous fau-

1. Mandement n° 1021.
2. Mandement 536.

dra revenir, l'*Instruction pour la conservation des droits de souveraineté, de ressort et autres droits royaux, dans la ville et baronnie de Montpellier*, cédées au roi de Navarre[1], l'article 5 dispose que « a et aura le roy, et pour luy son gouverneur, seul et pour le tout, la cognoissance et contrainte de soy faire païer de ses debtes royaulx, tant de ses aydes comme d'autres et par ses sergents ou autres à ce commis. » Or il est dit au titre de l'instruction que ces droits de souveraineté « sont tousjours appartenans au roy en tout son royaume. » Rien n'était plus propre à désemparer l'édifice féodal que d'y introduire ainsi les gens du roi.

Ce sont peut-être les mandements militaires qui montrent le plus clairement que le temps de l'indépendance féodale est passé. Voici quelques-uns de ces mandements. Le roi donne à son cousin le comte de la Marche quarante lances « pour la garde de son pays, » lesquelles le comte « tendra à nos gaiges[2]; » au comte d'Alençon la tierce partie des aides levées dans son domaine « pour cause de ses terres... les quelles ont été moult gâtées... par le fait des guerres[3]; » puis, outre cette rente, qui est annuelle, mille francs d'or « pour réparer ses forteresses et tenir en estat de bonne deffense[4]; » à la comtesse de Vendôme six cents francs d'or « pour tourner et convertir à la garde, fortification et emparement » du château de Vendôme, vu « la très grant nécessité qui est de pourveoir à la garde, fortification et emparement » dudit château[5]; au baron d'Ivry deux des douze deniers pour livre qui ont cours en la ville et châtel d'Argentan, pour l'aider aux « fortifications de son châtel et ville d'Argentan[6]; » à l'évêque de Lisieux deux des douze deniers ayant cours en la ville de Lisieux « pour le bon et grant service qu'il nous a fait en la garde dudit lieu de Lisieux[7]; » au chevalier Nicolle de Briqueville, seigneur de l'Aune, trois

---

1. Ordonnances, t. V, p. 477 et suiv.
2. Mandement n° 880.
3. Mandement n° 408.
4. Mandement n° 409.
5. Mandement n° 419.
6. Mandement n° 415. Même faveur avait été faite au seigneur de Montmorency, au temps qu'Argentan lui appartenait. Voir les mandements n°ˢ 44 et 337.
7. Mandement 339.

arpens de bois à prendre dans la forêt de Bö… pour avoir bien et loyalement gardé son dit fort de l'Aune[1].

Le roi paie les seigneurs qui gardent leur propre château : la conséquence est qu'il y doit commander. Dans un mandement adressé à Baudrain de la Heuse[2], il rappelle qu'en plusieurs assemblées tenues par lui en diverses parties du royaume, il a commis plusieurs « deputez » pour voir et visiter les villes fermées, châteaux et forteresses; faire réparer, garnir, avitailler et mettre en bon état de défense « les tenablez et pourfitablez et les non tenablez demolir et abatre. » Les *visitacions* ont été faites; pourtant, en plusieurs parties du royaume, notamment en Picardie et Normandie, aucunes forteresses profitables sont « mal abilléez, garniez et avitailliez; » d'autres, qui ne sont point tenables, ont été conservées. En conséquence le roi, informé que le roi d'Angleterre prépare une expédition, ordonne à Baudrain de la Heuse de se transporter aux pays et bailliages d'Amiens, Rouen, Caux et Gisors; d'appeler avec lui le bailli du lieu ou son lieutenant; de visiter les villes fermées, châteaux et forteresses « tant nostres comme autres; » de faire mettre les « tenables » en état de défense « aux despens de celui ou ceux à qui il appartiendra; » d'intimer « à celui ou ceux de qui les dictes forteresses seront qu'ils y facent faire bon gait et garde de jour et de nuit, tellement que, par deffaut de ce, elles ne soient prinses ne occupéez, par nos ennemis, ou quel cas se il avenoit…, nous dès maintenant pour lors les tenons et tenrons estre à nous, forfaites et appliquéez à nostre domaine, avecques toutes les terrez, seigneuries et revenuez appartenant à icellez forteressez. » Quant aux non tenables, elles devront être démolies sur-le-champ. Un autre mandement[3] nous apprend que ces *visitacions* se renouvelaient souvent et qu'il y avait une véritable inspection militaire pour tout le royaume. Chaque bailli et deux ou trois chevaliers étaient commis et députés pour la faire; ils avaient entrée dans toutes les forteresses des bailliages, « et des terres enclavées en iceulx, exemptes et non exemptes. » Sur les terres des pairs de France, les inspecteurs devaient appeler les baillis des

1. Mandement n° 241.
2. Mandement n° 652.
3. Mandement n° 854.

pairs ou leurs lieutenants « pour être avec eulx à ce faire, et se ils
en estoient reffusans ou delaians, que les diz commis le facent en
leur deffaut... » L'ordre de démolir revient à chaque ligne ; si les
forteresses sont tenables, mais que ceux à qui elles appartiennent
disent « précisément et tranchieement » qu'ils ne pourront les
garder, on les démolira ; on les démolira, même après que les
seigneurs à qui elles appartiennent auront déclaré qu'ils les
peuvent garder, si les commis voient que cela est impossible ; on les démolira, si les propriétaires voulant et pouvant
les mettre en état ne l'ont pas fait dans le délai fixé « selon la
brieîté et hastivité des périlz. » Le roi craint que les visiteurs
ne reculent devant ces exécutions sur les terres des grands seigneurs ; aussi ajoute-t-il : « et en cas que les dites forteresches
seroient à telles et si grans personnes de nostre sanc ou autres,
que les diz commis n'osassent eulx entremettre de les faire garnir, avitailler et enforcier ou abatre et demolir..., nous leur
aions enjoint et commandé que il le nous rescrivent et facent
assavoir... et nous y pourverions... »

On pense bien que les moindres seigneurs étaient traités avec
moins de façons ; les officiers du roi, plus entreprenants que
leur maître, ne se contentaient pas de leur donner des ordres :
ils essayaient de se mettre en leur lieu et place. Le prieur du
couvent de Sainte-Barbe, au bailliage de Caen, était, de par le
roi, capitaine et garde du fort du prieuré ; il avait le droit d'y
établir pour y commander telle personne que bon lui semblerait.
Il s'était fort bien acquitté de sa garde, à « ses despens... sanz
prendre riens sur le pays ; mais il arriva que Guillaume de Saint-
Cloud, son « tenant, » ayant été par lui chargé de la garde du
fort, avec appointement déterminé, après promesse faite « sur
le corps Jhesu Christ sacré » de ne rendre le fort qu'au roi ou
au prieur, voulut se dégager de tout lien avec le couvent
et demanda au capitaine général de Normandie de l'y aider.
Le capitaine se rendit à Sainte-Barbe, y fit plusieurs com-
mandements et somma le prieur de remettre à Guillaume de
Saint-Cloud sa promesse, en « disant que le dit prieur n'avait
povoir de... faire et establir capitaine du dit fort... » Le prieur,
maintint son droit ; mandé devant le capitaine général à Falaise,
il ne céda point encore, mais il fut « tellement demené, tant en
prenant et arrestant le temporel du prieuré que autrement, que

il lui convint dire contre sa conscience qu'il quittoit le dit chevalier des dits seremens. » Le religieux ne se tint cependant pas pour battu. Il commenta la concession qu'on lui avait arrachée : quitter le chevalier de ses serments signifiait, d'après lui, que Saint-Cloud cesserait d'être garde du fort; alors le capitaine déclara qu'il établissait précisément Saint-Cloud dans cette qualité. Le prieur ayant répliqué que « il ne lui plaisait pas, » fut de nouveau ajourné, à Caen cette fois, où il fut condamné à l'amende et à la perte du temporel, mis en la main du roi. Il en appela au parlement, et le roi, en ses requêtes, fit remise de l'amende et ordonna la restitution du temporel[1]. Le prieur finit par avoir raison : il était homme d'église et normand; mais ne peut-on pas croire que beaucoup de spoliations de cette sorte furent commises, sans que la réclamation parvînt au roi?

Au temps de Charles V, le régime militaire de la France est très complexe : les vieilles coutumes persistent à côté des nouvelles. Le roi a toujours le droit de convoquer la milice féodale; il peut aussi procéder à la levée en masse, en vertu du *retrobannum,* « auquel cas, dit un texte de Louis X[2], tout homme de notre royaume (*quislibet de regno nostro*) est tenu de servir, quand la proclamation a été faite par notre ordre dans tout le royaume. » Un document du règne de Philippe de Valois[3] explique le rôle de l'armée féodale et de l'armée tumultuaire : en cas de guerre, l'armée féodale est d'abord convoquée, *per primam semonsam seu convocationem generaliter factam,* mais si l'ennemi est en telle multitude et puissance de gens d'armes que le roi ne se sente pas assez fort pour résister, l'arrière-ban est proclamé, et tout le monde est tenu d'obéir. Charles V a usé de l'un et de l'autre mode. A l'approche d'une expédition anglaise, il ordonne au bailli de Rouen[4] de « faire sollennellement publier et crier en tous les lieux de votre bailliage accoutumez à faire cris que tous bourgois et autres gens de bonnes villes et plat pays du dit bailliage soient armés deuement et montés, et les autres, qui monteures ne pourront bonnement, avoir soient souffisamment armés chacun selon son estat et

1. Mandement n° 422.
2. Ordonnances, t. I, p. 309.
3. Id., t. VI, p. 549.
4. Mandement n° 583.

sa faculté. » D'autre part, il use encore de la milice féodale, et il en réglemente l'emploi pour le Dauphiné[1]. Mais la milice féodale était un détestable instrument de guerre, car le service de ceux qui la composaient était restreint par toutes sortes de conditions. Dans l'ordonnance relative au Dauphiné, on lit que la convocation des nobles doit être faite « par lettres spéciales, gracieusement, sans menaces de peines et de châtiments ; » que les barons et nobles ne serviront en aucun cas hors du Dauphiné, si ce n'est de leur expresse volonté ; qu'ils seront payés « en venant, en séjournant, en revenant, » et indemnisés de toute perte de chevaux et bêtes de somme qui mourraient sans qu'il y eût faute de la part du propriétaire : il suffit qu'un cheval ait été acheté pour la guerre et soit mort « même à l'écurie, » pour que le roi soit obligé de le payer. Tels sont les privilèges des Dauphinois, mais chaque province, chaque baronnie, chaque château avait les siens, car l'obligation du *miles* féodal avait été réglée entre son seigneur immédiat et lui, pour des guerres locales et courtes, et quand le roi se substitua au seigneur immédiat, le contrat ne fut pas changé. Un Champenois, qui ne devait qu'un jour de service au comte de Champagne, ne dut pas un jour de plus au roi de France devenu comte de Champagne. La milice féodale était donc absolument impropre aux grandes guerres du roi. Aussi les rois eurent-ils recours de très bonne heure aux troupes soldées, troupes de routiers ou troupes de chevaliers, premières ébauches de l'armée du roi, cette héritière future de la milice féodale, qui prend corps dès le règne de Philippe de Valois. Il était impossible de créer du jour au lendemain les cadres d'une administration militaire qui aurait eu pour objet le recrutement, l'organisation, l'équipement, l'instruction, la surveillance des officiers et des soldats, mais on y procédait avec un progrès continu, et les ordonnances militaires des premiers Valois font déjà penser aux règlements de Louvois[2].

Au cours de ses guerres, Charles V s'est servi surtout d'armées levées et soldées par lui. Ce serait traiter de l'administration de ce prince que d'étudier en détail l'ordonnance du 13 janvier 1373[3] ; mais ce serait aussi oublier une grande partie de notre sujet que

---

1. Ordonnances, t. **V**, p. 39.
2. Voir, par exemple, une ordonnance du roi Jean, t. **IV**, p. 67.
3. Ordonnances, t. **V**, p. 657.

de n'en point parler. Le roi, après s'être plaint dans le préambule que les capitaines trompent sur leur effectif, qu'ils ne paient pas leurs hommes, les choisissent mal et négligent la discipline, ordonne que le connétable nommera une personne et chacun des maréchaux quatre lieutenants, pour passer en revue les troupes qui seront sous leur commandement. Le connétable, les maréchaux, le maître des arbalétriers et les autres capitaines de gens d'armes exerceront leurs offices « comme ilz feroient pour leur propre fait, » et tiendront et feront tenir la présente ordonnance dont les dispositions principales sont celles-ci : ne marquer sur les revues que les gens de guerre qui y seront en personne et suffisamment armés ; ne donner de congés que pour des causes raisonnables ; exiger des gens d'armes le serment qu'ils ne feront aucun dommage aux sujets du roi et qu'ils retourneront dans leurs maisons aussitôt qu'ils auront été congédiés. Les capitaines seront responsables des désordres commis par les gens d'armes. Ceux-ci seront divisés en compagnies de cent hommes, dont chacune aura un capitaine. Nul ne sera capitaine sans « lettre ou auctorité » du roi, de ses lieutenants ou chefs de guerre ou d'autres princes et seigneurs, pour le service et défense du roi ; les capitaines seront par le roi « ordonnez à estre soubz le gouvernement des lieutenants, chefs de guerre et autres officiers. » Les capitaines de cent hommes d'armes recevront cent francs par mois, et le roi donnera tel état qu'il lui plaira aux lieutenants et chefs de guerre ; aussitôt les montres faites, les capitaines mèneront les gens d'armes « ès frontières ordonnées, sans les laisser séjourner sur les pays et les tiendront ès lieux plus convenables pour le proffit de la guerre et au commandement et ordonnance du lieutenant ou chef de notre guerre étant pour lors en cette partie. » Le dernier article prescrit à nouveau aux lieutenants, connétables, maréchaux, maître des arbalétriers et capitaines de jurer qu'ils observeront l'ordonnance.

Voilà déjà l'armée moderne. De haut en bas, le commandement est exercé en vertu de la délégation royale. Les mandements et actes divers donnent de nombreuses nominations de capitaines, surtout de capitaines châtelains ; la commission est tantôt annuelle, tantôt viagère [1]. On y voit comment les capitaines

____

1. Mandement n° 335, commission annuelle ; mandement n° 387, commission viagère.

généraux, par exemple Guillaume du Merle, capitaine de tous les pays et lieux des bailliages de Caux et de Cotentin, ont pouvoir « de garder et gouverner » les pays où ils sont établis, de mander et assembler tous les nobles et autres gens d'armes, arbalétriers et archers desdits pays et de « requerre » les gens des bonnes villes et autres[1]; comment les maréchaux et le connétable et les lieutenants agissent sur les ordres du roi, correspondent et comptent avec lui[2]. Il y a une hiérarchie, très bien marquée par ces mots de l'article dernier de l'ordonnance du 13 janvier 1373 : « Nos lieuxtenants, connestable, mareschaulx et maistres des arbalétriers et autres capitaines de gens d'armes. » Les lieutenants figurent en première ligne, parce qu'ils sont « des fleurs de lys, » ou alliés au roi : c'est le duc d'Anjou, c'est le duc de Bourgogne, c'est le duc de Berri, c'est le duc de Bourbon. Ils agissent eux aussi sur les ordres du roi, lui rendent compte de leurs opérations et reçoivent une solde comme les capitaines[3].

Les plus grands seigneurs du royaume entraient donc dans les cadres de cette armée, formée par le roi, organisée, commandée par lui, armée quasi permanente, pour une guerre quasi perpétuelle, armée nationale et payée par tous. Cette guerre anglaise, cause de tant de désastres, a rendu les plus grands services à la royauté. C'est elle qui a fait que la France s'est connue elle-même; car pour les peuples comme pour les individus la connaissance du moi se prend au contact du non-moi. C'est elle qui a groupé la France autour du roi, déterminé la création de l'armée royale, légitimé les usurpations du trésor royal et toutes ces mesures financières et militaires appliquées par les officiers royaux en terre féodale. C'est parce que la guerre contre les Anglais est la guerre du roi que le roi paie tel vassal pour la garde de sa propre terre, tel autre pour la garde de son château. Il donne trois arpents de bois à Nicolle de Briqueville qui n'a point

---

1. Mandement n° 95.

2. Voir, par exemple, le mandement n° 844, à propos de l'expédition en Limousin du maréchal Louis de Sancerre, et le mandement n° 1802 à propos de l'expédition de du Guesclin sur Cherbourg.

3. Voir, par exemple, le mandement n° 566, à Jean le Mercier, portant ordre de payer 300 livres tournois au duc de Bourgogne : « Comme nous eussions retenu notre frère le duc de Bourgogne, pour nous servir en nos présentes guerres, au nombre de quatre cents hommes d'armes; » et le mandement n° 588 qui fixe à 500 francs par mois l'état du duc de Bourbon.

laissé prendre son châtel de l'Aune. Un siècle auparavant, le seigneur de l'Aune eût été fort étonné de recevoir pareil don, pour avoir défendu son bien ; mais aussi n'aurait-il pas eu la visite d'un inspecteur royal, pourvu du droit de démolir le châtel. Ces petits faits qu'on a cités, — et les citations auraient pu être multipliées, — montrent, pour ainsi dire, l'absorption de la France dans le roi. « Nous et notre royaume, l'honneur de nous et de notre royaume, » sont des mots qu'on rencontre sans cesse. Il y a donc un honneur du royaume de France dont la garde est au roi. C'est pourquoi celui-ci prend des mesures générales auxquelles doivent se plier ses vassaux même les plus grands.

Un pareil accroissement de l'autorité royale aurait été impossible, si la grande féodalité n'avait presque entièrement disparu : des deux grands vassaux d'autrefois qui subsistent encore, le comte de Flandre et le duc de Guienne, celui-ci ne doit point tant compter comme grand vassal que comme ennemi national[1]. Quant à la féodalité nouvelle des princes apanagés, elle n'est pas encore redoutable. Charles V a bien compris le danger de cette coutume des apanages en terres, auxquels il a fini par substituer les apanages en argent[2] ; pourtant il a augmenté l'apanage de son frère d'Anjou, auquel il a donné la Touraine et les fiefs et villes de la vicomtesse de Thouars[3], et il a préparé la grandeur de la maison de Bourgogne en mariant le duc Philippe son frère à l'héritière de la Flandre ; mais le duc de Bourgogne n'est pas encore comte de Flandre, et contrairement à l'erreur où l'on est tombé, en reportant sur l'ancien duché de Bourgogne la puissance et l'éclat du nouveau, cet ancien duché était moindre en territoire et possédait moins de droits régaliens que la plupart des grands fiefs. Sous Charles V, les sires des fleurs de lis ne sont pas encore des rivaux : ils sont les serviteurs, les conseillers de la couronne. On les a vus déjà servir dans les armées ; mais on

1. On a vu plus haut comment le roi fait parler au comte de Flandre. En 1375 (mandement n° 1174 A), il le prie « très acertes » de se rendre au lieu où il sera délibéré sur la paix avec le roi d'Angleterre, pour y apporter son bon conseil : « ad ce vous estes tenuz comme per de France, et autrement en plusieurs manieres... »

2. Ordonnances, VI, p. 54.

3. Mandement n° 820.

les trouve aussi en d'autres emplois. Ils ont des missions diplomatiques : le duc d'Anjou et le duc de Bourgogne sont chargés en 1375 des négociations pour la paix avec l'Angleterre[1]. Ils figurent aux frais du roi et pour rehausser l'éclat du trône dans les grandes cérémonies : le duc de Bourgogne reçoit deux mille francs d'or « pour lui aidier à susporter les grans frais, mises et despens qu'il lui a convenu et convendra faire pour la venue de nostre très cher oncle l'empereur de Romme[2]. » Quelquefois ils ont le gouvernement d'une province : le duc d'Anjou est gouverneur du Languedoc, mais sa qualité de prince du sang ne l'empêche point d'être soumis au contrôle de l'autorité royale. Charles V confirme la nomination qu'a faite son frère à l'office de châtelain de Roqueceziére et de Rochefort[3]. Il approuve[4] ou annule d'autres actes du gouverneur. Le duc s'est avisé de donner à Isabelle de Majorque les cité, chastel et chatellenie de Lavaur avec toute la juridiction, haute, moyenne et basse, qui appartenaient au roi « sans moyen; » mais les consuls et habitants de Lavaur, refusant d'obéir aux lettres du gouverneur, en ont appelé au roi. Le roi, considérant que Lavaur est une des bonnes cités de la sénéchaussée de Toulouse, « située sur une grant rivière, et un des bons lieux et territoire qui soit en tout le pays de la Languedoc, par la quelle on puet venir passer de Tholose en Rouergue, en Auvergne et en pluseurs autres pays; » que le châtel « est un des plus biaus du pays; » que le comté et la châtellenie sont « en frontière du pays » et que beaucoup de consuls en sortissent; que les cités, châtel et châtellenie appartiennent au domaine et sont « joins à la coronne, tellement qu'ils n'en pevent ne ne doivent estre desjoings et separez…, » retient « de son propre domaine » cité, châtel et châtellenie, défend aux commissaires de son frère de molester les consuls de Lavaur, et met à néant « les lettres ou mandements de bouche ou autrement, donnez ou à donner par nostre dit frère ne par autres ad ce contraires[5]… »

1. Mandement n° 1574 A.
2. Mandement n° 1571.
3. Mandement n° 678.
4. Mandements n° 941, 8 janvier 1272, et n° 1416.
5. Mandement n° 1222. Le roi s'adresse aux gens des comptes; quant au don fait par son frère, il leur mande de *le procurer autre part, s'il leur semble bon en leur conscience, et par la manière qu'ils verront que à faire sera.*

Les sires des fleurs de lis sont donc les serviteurs hautement qualifiés du roi, désignés par la naissance pour les grands emplois, mais tenus à la même obéissance que les autres officiers. Sont-ils plus indépendants dans leurs apanages? Oui, sans doute, mais le roi s'y est réservé le *jus totale superioritatis*, et les *jura regalia*, qu'il définit dans un document remarquable où il déclare que ces droits lui appartiennent dans tout son royaume.

II.

Peu de textes sont aussi importants pour l'histoire des progrès de l'autorité royale que l'instruction faite sur « la conservacion des souverainetez et ressors et autres droits royaulx, appartenans au roy en la ville, baronnie et rectorie de Montpellier, baillées au roy de Navarre, lesquels droits et souverainetez sont tousjours appartenans au roy en tout son royaume et par espécial ont été réservez au bail de la dite terre, laquelle instruction a été baillée à maistre Arnaut de Lar, secrétaire du roy et gouverneur des dictes souverainetez illuec[1]. » Cette instruction a été rédigée en mai 1372, un an après que les rois Charles V et Charles de Navarre eurent renouvelé le traité conclu en 1365, par lequel Charles de Navarre échangeait Mantes, Meulan et le comté de Longueville contre la ville, baronnie et rectorie de Montpellier.

Le roi soustrait à la « connaissance et juridiction » du roi de Navarre un certain nombre d'institutions, de personnes et de terres : l'église cathédrale de Maguelonne[2], l'ordre de Saint-Jean de Jérusalem, l'église et moustier de Saint-Germain, fondés par le pape Urbain et pris par le roi en sa garde, à la prière du « dit fondeur; » les terres de ces églises; l'université de Montpellier qui a été « fondée, créée, privilégiée par les rois de France, et de tout temps a été en leur sauvegarde; » les singuliers de cette université; les monnayers et autres gens nécessaires pour la dite monnaie, les officiers royaux.

Après les catégories de personnes, les catégories de choses

---

1. Ordonnances, t. V, p. 479.

2. Il n'y avait pas, en 1372, d'évêque à Montpellier; l'évêché était à Maguelonne, d'où il a été transféré, en 1536, à Montpellier (Ordonnances, t. V, p. 477, note *d*).

soustraites à « la connaissance » du roi de Navarre sont : « les crimes de lèse-majesté, infractions de sauvegardes du roi, forgement de fausses monnayes, transgression des Ordonnances royaulx faictes sur le fait des monnoyes, portemens d'armes notables et invasibles[1], les contraux fais soubs le seel royal quand li obligez se seront souzmis à la cohercion d'icelui, et aussi tout cas de nouvelleté[2]. »

Le roi se réserve à lui seul et pour le tout le droit de donner et octroyer sauvegardes[3], lettres d'estat[4], nobilitations[5] et légitimations[6], de faire rémission de crimes et rappeaux de bans[7]. Si le roi a fait grâce ou rémission de crimes avant condamnation « nul autre seigneur, per ne autre baron, ne peut puis cognoistre du cas, ne soy entremettre en aucune manière. »

Au roi seul appartient le droit des bourgeoisies[8].

Seul le roi peut donner des lettres d'amortissement ; car « supposé que les pers, barons ou autres seigneurs subgiez du roy, amortissent pour tant comme ils leur touchent ce que est tenu d'eulx, toutes voies ne pevent ne doivent les choses par eulx amorties avoir effect d'amortissement, jusques à ce que le roy les amortisse ; mais puet le roy faire contraindre les possesseurs à les mettre hors de leurs mains dedans l'an et iceux mettre en son domaine, se ils ne le sont. »

Au roi seul appartient « d'octroier nouvelles indictions généraulx sur villes et sur païs, et ne le peut autres faire sans le congié et auctorité du roy. »

Au roi seul, en tout son royaume, et « non à aultre » appartient « à octroyer et ordenner toutes foires et tous marchés et les alans, demourans et retournans, sont en sa sauvegarde et protection. »

---

1. C'est-à-dire avec lesquelles on peut attaquer.

2. Trouble en la possession.

3. La sauvegarde était requise par quiconque craignait d'être troublé en sa possession ; de simples menaces, avant le trouble réel, suffisaient pour que la sauvegarde fût requise.

4. En vertu desquelles une cause était tenue en suspens. Voir l'article 8 d'une ordonnance de 1318, Ordonnances, t. I, p. 581.

5. Anoblissement.

6. Nécessaire pour que le bâtard pût succéder à ses parents, tenir et posséder tous biens, disposer entre vifs, etc.

7. Rappel de ban, c'est-à-dire rappel de celui qui a été banni.

8. C'est-à-dire le droit payé pour entrer dans une bourgeoisie ou en sortir.

Le roi seul, et, pour lui, son gouverneur, aura « la cognoissance et contrainte de soy faire payer de ses debtes royaulx, tant de ses aydes comme d'autres et par ses sergens ou autres à ce commis. »

Bien que le roi ait accordé au roi de Navarre la moitié des aides qui courent et courront en sa terre, ces aides « se gouverneront, recevront et exécuteront par les gens du roy, et de leur main prendra le roi de Navarre la dicte partie et non autrement. »

Il y avait donc dans la ville, baronnie et rectorie de Montpellier deux administrations distinctes : la plus importante était, sans contredit, l'administration royale, et maître Arnaut du Lar, « gouverneur et garde des droits royaulx et souverainetez, » était un personnage fort occupé. Il était en même temps, « pour meilleur effect et execucion de la besongne, » châtelain et viguier de Sommières[1] ; il y tenait ordinairement son siège ; mais il pouvait tenir ses assises à Montpellier tous les quinze jours et même plus souvent « se le cas le requiert. » Il choisissait pour cela la maison de l'évêque ou une des autres maisons exemptes. Il avait un procureur et un avocat à Sommières, un autre procureur et un autre avocat à Montpellier, « plus un lieutenant et un notaire tabellion pour faire les informations, être dépositaires des procez de la Cour des souverainetez et ressors, et pour recevoir obligations et faire autres choses que à la Court appartiendront et pourront appartenir pour cause des dictes souverainetez et ressorts et drois royaulx. » Il avait en sa garde le scel royal « ordené » à Sommières. Il avait pouvoir de faire et de créer autant de sergents royaux que bon lui semblerait, pour garder la souveraineté et ressors et autres droits royaulx, et pour exiger et lever les dettes de ceux qui étaient obligés par contrat sous le sceau royal[2]. Le jour où le gouverneur prenait possession de son office, un héraut criait et publiait dans les villes de Sommières et de Montpellier que, pour les causes touchant les souverainetez et droits royaux, chacun devait obéissance, confort et aide au gouverneur ; des lettres closes étaient adressées au roi de Navarre et des lettres ouvertes aux consuls et gens de la ville, « que au dit gouverneur ès dites choses obéissent. » A lui appar-

---

1. Dans le Bas-Languedoc, département du Gard.

2. Le brevet d'obligation était passé par le notaire et délivré au créancier, qui devait ensuite y faire apposer le scel aux contrats avant que le sergent pût faire exécution de corps et de biens en vertu de l'obligation.

tenaient connaissance et juridiction de toutes les personnes et de tous les cas plus haut énumérés. Toutes les fois qu'on appellera dudit gouverneur ou de ses lieutenants, l'appel ira droit en Parlement : s'il est fait en autre lieu, le gouverneur n'y déférera pas. « Pour exploictier et mettre à exécution les choses appartenantes au.. souverainetez, ressors et autres droitz royaulx dessus dits, le dit gouverneur ou autres officiers du roy requerront la justice du dit roy de Navarre, pour leur y donner obéissance, et ou cas que les gens du dit roy de Navarre en seroient refusans ou delaians, les dis officiers du roy le pourront faire sans les en plus requérir. » Quant aux officiers du roi de Navarre, gouverneur, consuls et autres, qui seront établis par lui, ils seront tenus « en leur création » de faire serment au gouverneur du roy, en la forme et manière déterminées en certaines lettres qui sont au premier traité conclu avec Charles le Mauvais.

Le document dont on vient de donner l'analyse acquiert une très grande importance par ces mots du préambule de l'instruction : « *Les quiex drois et souverainetez sont tousjours appartenans au roy en tout son royaume...* » Un progrès immense a donc été accompli par la royauté depuis les premiers jours de la dynastie; car, s'il n'est point extraordinaire que le roi se réserve la juridiction sur certaines églises et sur l'université de Montpellier (églises et universités relevaient d'une autorité plus haute que celle d'un seigneur féodal), c'est par voie d'usurpations successives qu'il est arrivé à composer cette liste si longue des droits et souverainetés.

Nous avons vu comment il est parvenu à introduire chez ses vassaux les aides et les officiers royaux chargés de les « gouverner. » C'est de la main des officiers royaux que le roi de Navarre recevra sur sa propre terre la moitié des aides, et c'est la moindre des restrictions imposées à l'exercice du pouvoir seigneurial.

Le roi, dit l'instruction, « aura la cognoissance de tous les monnoyers et autres gens nécessaires pour la dicte monnoye. » Voilà qui est bref et net, et marque en une ligne un grand progrès. Saint Louis avait, en 1265[1], rendu sur le fait de la monnaie une ordonnance où il disposait qu'on ne prendrait sur sa terre que certaines monnaies nommément dési-

____
1. Ordonnances, t. I, p. 94.

gnées par lui ; ces monnaies auraient seules cours sur les terres des seigneurs qui n'avaient pas de monnaie ; les monnaies des seigneurs qui en avaient une pourraient circuler sur leurs terres, mais il leur était défendu d'en fabriquer de semblables à celle du roi. Cette ordonnance est très remarquable, et l'on en pourrait tirer des notions sur l'étendue du pouvoir législatif royal au XIIIe siècle. Louis IX dispose d'abord pour sa terre, ensuite pour les terres dont les seigneurs n'ont pas de monnaie, marquant ainsi que là où il n'y a pas de droit, c'est le droit du roi qui prévaut ; enfin, il respecte le droit du seigneur qui bat monnaie, mais en le limitant par une interdiction. On voit ici cet accord entre les droits féodaux et le droit supérieur du roi, qui est la marque du gouvernement de saint Louis et où ce prince voyait la souveraine justice. Mais Philippe le Bel ne s'en est pas tenu là ; par une ordonnance de 1313, il suspend le droit de battre monnaie des prélats et barons « jusques à temps qu'ils aient lettres de nous, contenant comment et quant ils devront ouvrer, » et, sous prétexte que nulle monnaie ne peut être « sans garde, » il dispose que « en chacune monnoie de prélats et barons, aura une garde propre de par nous, à nos propres couts et despens ; » les maîtres royaux des monnaies iront « par toutes les monnoies des prélats et barons » avec droit « d'inspection et de faire essai. » Entre l'ordonnance de saint Louis et celle de son petit-fils, la différence est grande, et tout au profit de la royauté : le gain une fois fait n'a point été perdu, comme on le voit par l'article cité de l'instruction de Charles V.

Qu'on examine maintenant combien de restrictions sont apportées par l'*Instruction* au droit de justice du seigneur.

Le roi peut faire grâce avant la condamnation et enlever ainsi l'accusé à son juge ; il peut suspendre une cause et interrompre ainsi l'action judiciaire ; il peut faire grâce après le jugement, c'est-à-dire enlever le condamné à l'exécuteur. Il a plusieurs moyens d'attirer à lui le justiciable du seigneur : dès qu'un contrat a été passé sous le scel royal, le juge royal connaît des procès qui peuvent s'en suivre, et l'on pense bien que les officiers faisaient de la propagande pour le scel royal. Dès que le roi a donné une sauvegarde, celui qui l'enfreint en répond devant lui. C'est la justice royale qui s'exerce dans les marchés : elle s'étend sur ceux qui vont à Montpellier et en reviennent. Le gouverneur connaît des crimes de lèse-majesté, et qui pouvait définir ces crimes? Le roi même ne se sentait pas capable de le faire[1]. Enfin, quand les officiers du roi de Navarre ont jugé quelqu'un ou prononcé sur un cas qui n'a point été réservé, si la grâce royale n'intervient pas, le condamné peut toujours porter appel de ce jugement.

Il faut se garder de croire que les mots de l'*Instruction* « droit et souverainetez appartenans toujours au roi dans son royaume » expriment une exacte vérité. Il s'en fallait que la double administration établie à Montpellier se trouvât partout; mais le document prouve qu'il existait au xive siècle une théorie complète des droits du pouvoir royal et que ces droits étaient fort étendus. Nombre d'attributions de l'autorité locale ont été reportées à l'autorité centrale. Il serait intéressant d'étudier, à propos de chacun des cas, les raisons qui ont conduit la royauté à reprendre aux feudataires ce qu'elle considérait comme son bien. On arriverait probablement à cette conclusion que le roi, agissant comme *princeps* de la loi romaine, cherche à reprendre ce qui appartenait à ce *princeps*. Il renoue les fils, coupés à chaque frontière féodale, qui partaient jadis de la main de l'empereur, et atteignaient les limites de l'empire.

Le fait que le roi se réserve la connaissance du crime romain de lèse-majesté montre bien où il prend ses aspirations. Les dispositions relatives aux marchés et aux bâtards sont romaines. Le bâtard est légitimé à Rome *ex rescripto principis vel secutis nuptiis*. Un particulier ne pouvait établir un marché sur ses terres sans l'autorisation du prince[2]. La loi romaine, étudiée par les gens du roi, leur inspirait ainsi l'idée de revendications à faire au nom de l'État sur les usurpateurs du droit public.

---

1. On sait la belle réponse de Louis X le Hutin aux nobles de Champagne qui l'avaient requis de vouloir bien *éclaircir* les cas qui touchaient la majesté royale. « Nous les avons éclairci en ceste manière, c'est assavoir que la Royale Majesté est entendue ès cas qui, de droit ou d'ancienne coutume, puent et doient appartenir à souverain prince et à nul autre. En tesmoing de la quelle chose nous avons fait sceller ces lettres de notre scel. » (*Ordonnances*, t. I, p. 606.)

2. La plupart des municipes avaient le droit de marché, mais pour les particuliers l'autorisation du Prince était nécessaire. Voir pour le *Jus nundinarum*, par exemple, au *Digeste*, livre L, titre xi, au *Code*, livre IV, titre lxi.

III.

La commune était une personne féodale, dont les droits et les devoirs étaient déterminés par une charte. Comme le fief, elle interceptait une partie de l'autorité royale ; aussi, l'indépendance communale a-t-elle été attaquée comme l'indépendance féodale par les mêmes princes et par les mêmes moyens[1].

C'est un difficile problème que de rechercher l'idée que se faisaient les rois de leur droit sur les communes naissantes. Ici, comme toujours, le fait a précédé le droit qui a mis longtemps à se former. Il n'y a pas d'exemples de communes établies par le roi directement chez un de ses vassaux ; il y en a au contraire de très nombreux de confirmations accordées par lui. Cette confirmation était-elle obligatoire ? On pourrait, en théorie, l'affirmer ; car l'institution même de la commune, en limitant l'autorité du seigneur sur un certain nombre de personnes et sur une partie du territoire, abrégeait le fief, ce qui ne pouvait être fait sans l'agrément du « pardessus. » En fait, la confirmation royale a été souvent demandée par les communes ; elle l'a été par des seigneurs, même par de grands vassaux[2]. Quant au roi, il estimait et il déclara de bonne heure que les communes ne pouvaient être établies que de son aveu, et qu'une fois établies elles lui appartenaient. On lit dans les *Actes des évêques d'Auxerre*[3] qu'un évêque ayant fait opposition à l'établissement d'une commune à Auxerre, le roi (Louis VII) en fut grandement irrité, car « il pensait que toutes les villes où il y avait des communes lui appartenaient. » En 1318, un arrêt du Parlement de Paris casse la commune de Chelles, « parce que les villes ne peuvent avoir de communes sans lettres royaux, *quod villæ non licet habere communiam sine litteris regis*[4]. » Enfin, Charles V,

----

1. Voir Giry, les *Etablissements de Rouen*, t. I, p. 439 et suiv.

2. La charte de Dijon, par exemple, est confirmée par Philippe-Auguste « ad petitionem et voluntatem ipsius ducis. » Ordonnances, t. V, p. 137.

3. Reputabat, civitates omnes suas esse in quibus communiæ essent... *Historiens de France,* t. XII, p. 304.

4. Ordonnances, t. XI, p. 29, note *c*.

étant dauphin et régent, déclare qu'il appartient au roi et à lui
de créer et de constituer des consulats et des communes[1].

Après que le roi eut revendiqué pour lui seul le droit de créer
les communes, il n'en usa qu'avec une extrême parcimonie.
Charles V a institué une seule commune, celle d'Angoulême,
pour remercier cette ville d'avoir, « pendant la guerre qui avait
éclaté entre lui et ses adversaires d'Angleterre à l'occasion du
duché d'Aquitaine, maintenu en vrais sujets les droits du roi sur
le duché et notoirement prouvé leur fidélité[2]. » Le même roi a con-
firmé un certain nombre de communes, par exemple celles de
Rouen, de Dijon, d'Auxerre[3].

Le roi, qui institue ou confirme les communes, peut les supprimer par acte de justice ou par acte de grâce : par acte de justice
quand les communes ont méfait ; par acte de grâce quand les
bourgeois, ne pouvant plus supporter les charges que leur im-
pose la commune, en demandent l'abolition, comme fait, au
temps de Charles V, la commune de Neuville-le-Roy en Beau-
vaisis. Neuville-le-Roy, qui comptait trois cents feux, a été
réduite, depuis le commencement des guerres, à trente feux « les
quelz sont pouvres laboureurs, » et ne peuvent plus payer les
redevances auxquelles ils sont tenus « à cause de la dicte commune ; » la ville menace d'être « désorte et exillée. » Le roi, sur
la très humble supplication et requête de ces pauvres gens,
reprend la commune pour *l'appliquer* au domaine[4]. Charles V

---

1. Ordonnances, t. III, p. 305 : « Cum ad dictum Dominum nostrum (regem)
et nos pertineat creare et constituere consulatus et communitates. »

2. Ordonnances, t. V, pp. 581 et 667.

3. Ordonnances, t. V, pp. 73, 237 et 619. — La dernière de ces trois chartes
est curieuse, non seulement parce qu'elle est une des plus étendues et des plus
claires que nous possédions, mais aussi à cause de certaines circonstances par-
ticulières : le roi, après avoir acquis le comté d'Auxerre, confirme la charte pré-
cédemment octroyée par la comtesse Mahaud et par le comte Jean de Châlon ;
mais il y fait une modification : les comtes d'Auxerre devaient jurer avec cinq
de leurs chevaliers de respecter les franchises et privilèges de la commune ;
comme la royale majesté ne peut être soumise au serment, le roi désigne pour
le prêter des officiers royaux. D'autre part, un point de droit civil ayant été
jugé obscur par les bourgeois dans la charte confirmée, le roi les a, sur leur
requête, autorisés à se réunir pour en délibérer : ils se sont entendus sur la
modification qu'il convenait de faire, et ont écrit une déclaration que le roi a
ordonné être à perpétuité considérée comme loi dans la cité d'Auxerre.

4. Ordonnances, t. V, p. 333.

fait la même grâce à la commune de Roye : Roye a été ruinée par la dernière chevauchée des ennemis; les habitants, qui s'en sont enfuis, ne veulent plus y retourner tant que la commune dont ils ne peuvent plus porter les frais ne sera pas « abattue »; le roi abat la commune pour l'appliquer au domaine et ordonne que les habitants de Roye « demourrent simples habitans nos subgez en prevosté, sans moyen, comme avant la dite création et tolérance de commune [1]. »

Après qu'il a supprimé une commune, le roi peut toujours la rétablir, et tout le droit royal en cette matière, tous les modes des relations politiques du roi avec les communes se voient dans quelques chartes de Charles V relatives à Douai, Péronne et Tournay.

Jean Rayne, échevin de Douai, ayant été accusé devant les échevins de cette ville par le bailli royal de Douai d'avoir usé de fausses mesures dans son commerce de grains, fut condamné à être pendu. Il en appela au Parlement; son appel fut relevé dans la suite par son fils et par son gendre et intimation faite au procureur de la ville. Les échevins qui avaient succédé à ceux qui avaient rendu le jugement, et tout le corps et communauté de la ville désavouèrent les anciens échevins et le procureur; mais le Parlement ne les tint pas pour « délivrés. » Il dit, ordonna et prononça que les appelants étaient à recevoir, que les anciens échevins avaient mal jugé, que les nouveaux n'avaient pas le droit de les désavouer, et la ville fut, pour ce mauvais jugement, condamnée à perdre à perpétuité « toute justice, loy, eschevinage, corps et communauté », que le roi *tint* dès lors, et *fit gouverner en sa main*. Deux ans après, en 1368, le roi rétablit la commune supprimée. Il donne les raisons de cette grâce : la supplication qui lui a été faite par son féal chevalier et conseiller, le maréchal d'Audenham; la conduite des échevins, qui, s'ils avaient rendu un mauvais jugement, n'avaient été mus du moins ni par faveur ni par haine; la « grant patience et humilité » avec laquelle a été supportée l'exécution de l'arrêt supprimant la commune; enfin le paiement de six mille francs d'or fait « au commandement et ordonnance » du roi [2].

<hr>

1. Ordonnances, t. V, p. 662.
2. Ordonnances, t. V, p. 130.

De même la commune de Péronne a été supprimée et appliquée au domaine « *certis de causis;* » mais les habitants en ont avec instance demandé le rétablissement; le roi ordonne une enquête afin de savoir s'il en résultera pour lui inconvénient ou avantage; puis, après délibération dans son conseil, il rétablit la commune, mais il fait quelques modifications à l'ancienne charte, qui était de Philippe-Auguste. Le premier article de cette charte disposait qu'une personne coupable d'un homicide commis dans la ville ou la banlieue n'y pourrait rentrer qu'après s'être réconciliée avec les parents du défunt et avoir payé une amende à la commune : Charles V ordonne que l'assassin n'échappera point à la punition de l'homicide. En vertu de l'article 5 de la charte de Philippe-Auguste, les hommes de la commune étaient tenus de défendre tout concitoyen attaqué par un étranger, sous peine d'être assignés devant le maire pour être punis par lui; celui qui avait porté secours à son concitoyen ne pouvait être condamné à l'amende, à moins qu'il n'eût tué l'étranger : Charles V supprime cet article. L'article 11 de la charte de Philippe-Auguste condamnait quiconque aurait jeté de la boue ou des ordures à quelqu'un à payer une amende de dix livres exigible dans un délai de quinze jours, ou à sortir de la ville; s'il y rentrait, il serait condamné à la perte d'un membre : Charles V laisse subsister toute la première partie de l'article; il supprime la dernière, c'est-à-dire la condamnation à la perte d'un membre. Enfin le roi supprime l'article 12 de la charte, où il est ordonné que, si quelqu'un fait perdre un membre à un autre, il perdra le même membre, à moins qu'il ne s'accorde avec les parents du blessé, auquel cas il paiera cent sous à la commune. Il déclare ces dispositions de nulle efficacité et vigueur, et, les effaçant des lettres de Philippe-Auguste, veut qu'on observe à Péronne, sur tous ces points, « le droit commun et la coutume générale du pays. »

Les relations de Charles V avec la commune de Tournai sont très instructives. Cette commune, établie en 1187 par charte de Philippe-Auguste, supprimée en 1197 pour avoir fait avec le comte de Flandre un traité « contre les intérêts du roi, » avait été rétablie par Philippe de Valois, en récompense de la belle résistance qu'elle avait opposée à Édouard d'Angleterre. Sous le règne de Charles V, les jurés, échevins et communauté de Tournai sollicitent du roi une modification dans l'exercice de la juridiction échevinale. Le roi ordonne que le gouverneur de la ville, le procureur du roi étant appelé, fera une information à ce sujet. L'information est faite, présents le gouverneur et le procureur, et « grande plenté des bourgeois, manans et habitans de la ville; » elle est renvoyée au roi : les gens du conseil l'examinent, et, comme ils la trouvent bien et dûment faite, le roi accorde la « requête de la communauté[1]. »

On suivit, dans une autre circonstance, une procédure plus compliquée. Des tisserands en drap avaient obtenu des lettres du roi portant que les tisserands étrangers ne seraient pas admis dans la ville s'ils n'apportaient lettres signées de scel authentique ou de juge compétent, attestant qu'ils étaient preud'hommes et loyaux. Les échevins et la communauté demandèrent au roi de révoquer les lettres, alléguant qu'elles étaient contraires aux intérêts de la ville, attendu que les étrangers augmentent le commerce, et que les tisserands de Flandre, étant plus habiles que ceux de Tournai, les instruisent. Sur l'ordre du roi le gouverneur, en présence du procureur du roi au souverain bailliage de Lille et de Tournai, fait assembler dans la halle de Tournai les jurés, échevins, trésoriers et autres officiers, les plus notables bourgeois, et, pour chaque métier ou marchandise, trois ou deux hommes au moins, lesquels ont été élus par toute la communauté pour « entendre et remontrer tout ce que, pour le bien commun, profit et utilité desdis métiers, l'on veult faire, dire et ordonner en la ville. » Lecture faite des lettres du roi, le gouverneur ordonne aux personnes présentes de *se conseiller et aviser*. Les élus des métiers demandent qu'il leur soit permis d'avoir « avis et délibération avec les ouvriers et autres gens de leurs métiers », et l'assemblée est remise au lendemain. Le lendemain, les élus de tous les métiers, sauf ceux de la tissanderie, déclarent tous ensemble, d'une même volonté, que les secondes lettres du roi, où est proposée l'abolition des premières, doivent être entérinées, attendu que les premières ont été obtenues subrepticement contre le profit commun. Quant aux élus de la tissanderie, ils déclarent qu'une grande quantité de personnes de

---

1. *Ordonnances*, t. IV, p. 653. L'année d'avant, le roi avait consenti directement et immédiatement à une modification de la coutume (*ibidem*, p. 594).

leur métier n'ayant pas voulu leur répondre « plainement, » ils
ne peuvent eux-mêmes faire réponse « finable ». Alors le gouverneur, le procureur, le mayeur et plusieurs autres du métier des
tisserands se transportent au domicile de tous les tisserands ou
de la plus grande et saine partie, qui étaient au nombre de 360;
ils leur demandent individuellement s'ils veulent s'opposer à
l'exécution des dernières lettres du roi. La grande majorité
des ouvriers répond que, puisqu'il plaît au roi d'abolir les
lettres qu'il leur avait octroyées, cela leur plaît aussi; mais
Jehan de Douchi, Jehan Fiable, Jehan Mustel, Jehan Scordré,
Ghi le Flamenlt, Jehan de Haynau, Lotart du Garding, Jehan
Rastiel et Adam de le Masure s'opposent à l'abolition. Ces
opposants sont convoqués à une nouvelle assemblée : ils y
déclarent qu'après s'être avisés ils renoncent à l'opposition. Sur
quoi, consentant le procureur du roi, il est ordonné que les dernières lettres seront exécutées. Enfin le roi confirme cette décision.

Voilà un remarquable exemple du respect des coutumes et
libertés municipales ; mais voici un acte d'autorité souveraine.
Au mois de février 1366, le roi, considérant que des discordes
se sont élevées entre les bourgeois moyens et menus de Tournai ;
que les *voies de paix* proposées par les *solennels messagers*
qu'il a envoyés dans la ville et qui y sont demeurés longuement,
ont été enfreintes ; que les discordes n'ont fait que s'accroître ;
que la ville, une des plus notables du royaume, est en aventure
d'être détruite ; après avoir fait assembler son grand conseil par
plusieurs fois et y avoir vaqué de sa personne plusieurs journées,
abolit la commune, et la met entièrement, sans moyen, sous sa
main et sous son gouvernement[1]. En conséquence, les bourgeois
et habitants de Tournai n'auront plus de corps ni de commune ;
la ville ne sera plus gouvernée par eux ; ils n'y auront plus ni
seigneurie, ni justice, ni juridiction ; ils n'institueront plus ni
juges, ni officiers, si ce n'est des receveurs, qui seront élus par le
gouverneur de la ville, appelés les bourgeois et habitants, et con-
firmés par le roi ; la seigneurie et juridiction sera en toutes sortes
de cas dans la main du roi, qui établira un gouverneur, un pré-
vôt, un tabellion pour recevoir les lettres obligatoires et contrats,
un garde du scel, tous les sergents et autres officiers, etc...

1. Ordonnances, t. IV, p. 706.

On a vu quels considérants ont précédé cet acte de vigueur et comme le roi a longuement délibéré avant de s'y résoudre. Quatre ans après, il rétablissait la commune. Dans les lettres à ce sujet, il commence par rappeler qu'il a ôté la commune, non pour cause de désobéissance et de trahison, mais parce qu'il espérait que ses officiers gouverneraient la ville mieux qu'elle ne l'avait été auparavant : il se réservait de la rétablir dès que la concorde et l'union auraient reparu. Depuis, les bourgeois de Tournai lui ont représenté qu'en vertu de la charte à eux octroyée en récompense de leurs services, la commune ne pouvait leur être enlevée qu'en cas de trahison, et qu'ils n'ont jamais trahi; ils ont ajouté que les officiers du roi les ont « moult chargiez, opprimez et depoinctiez de leur loi; » ils ont demandé d'un commun accord la restitution de cette loi. Le roi a envoyé deux maîtres des requêtes de son hôtel, pour savoir si la plus grande et plus saine partie des bourgeois et habitants désire le rétablissement de la commune, et il les a autorisés à ordonner ce rétablissement, moyennant « certaine aide » que lui feraient lesdits bourgeois et habitants. Les maîtres des requêtes ont trouvé que la plus grande et saine partie était *accordant et consentant aux choses dessus dites;* l'évêque, le doyen, le chapitre, les abbés et couvents et plusieurs notables personnes ont certifié que la ville, les bourgeois et les habitants « seroient mieux et plus proufitablement gouvernés à l'onneur et au proufit de nous et de notre royaume, à l'utilité de la chose publique de notre dite ville par la restitution de leur dite loy que ils n'étoient par nos diz officiers. » En conséquence, le roi rétablit la commune.

Bien qu'il ne soit pas légitime de tirer de quelques cas particuliers des règles générales, quand il s'agit de l'histoire du moyen âge, on peut considérer qu'il résulte des faits et documents plus haut énumérés que le roi est seul en possession du droit d'instituer une commune; qu'il a le pouvoir de supprimer la commune, non seulement quand il y a eu trahison commise envers lui, mais simplement quand il y a discordes ou mauvais jugement rendu; qu'aucune modification à la charte d'établissement ne peut être faite sans son consentement; qu'il exerce le pouvoir législatif, sans participation des intéressés et en vertu de sa certaine science et pleine puissance, soit à propos de la confirmation d'une charte et du rétablissement d'une commune, comme il a fait pour Auxerre et pour Péronne, soit en toute autre occasion; car il a modifié la loi de Tournai par les lettres accordées aux tisserands, sans consulter les officiers ni la communauté. Au contraire, la communauté ne fait acte législatif qu'après avoir exposé au roi, par une requête, la nécessité de cet acte et obtenu l'autorisation de délibérer. La délibération n'a force de loi qu'après la confirmation royale.

Outre le droit d'instituer les communes, de les supprimer, de modifier les chartes, le roi gardait bien entendu dans la commune, comme dans le fief, ses droits, souverainetés et ressorts. L'action de l'autorité royale ne s'arrêtait pas plus aux limites de la banlieue communale qu'à la frontière du fief.

IV.

Ainsi, au XIVe siècle, le pouvoir supérieur et général du roi s'élève au-dessus des pouvoirs inférieurs et locaux. Un état mal constitué, il est vrai, et singulièrement compliqué apparaît sur le sol politique de la France, autrefois tout hérissé de droits et de privilèges et qui commence à être nivelé. Or ces droits et privilèges étaient la garantie des hommes du moyen âge contre l'arbitraire. Ne rien exiger au delà de la coutume sans le consentement des intéressés, c'était une règle, souvent violée sans doute, mais c'était une règle. Dans chaque pays féodal, un consentement de cette sorte était requis des intéressés. La logique aurait donc voulu que, lorsque le roi avait à exiger quelque nouveauté de l'ensemble des pays féodaux et des communes, il en convoquât tous les représentants pour requérir leur consentement, et que la France, au moment où les rois faisaient l'unité française, fût dotée d'une institution nationale représentative. Mais c'est seulement dans un état de civilisation avancé que la logique gouverne la politique; encore ne le fait-elle pas sans rencontrer de résistances.

Comment aurait-on pu, au XIVe siècle, définir d'une part les droits de cette indéfinissable puissance royale, qui s'accroissait chaque jour par une improvisation perpétuelle, et, de l'autre, les droits de la nation, qui n'existait encore, pour ainsi dire, que dans l'esprit du roi? Il faut, pour définir, un travail d'abstraction difficile en tout temps, impossible en un âge où les choses étaient très compliquées et où on leur reconnaissait le droit d'être, par cela seul qu'elles étaient ; car la critique s'exerçait uniquement à constater la coutume, c'est-à-dire l'état acquis, sans jamais examiner la raison de cet état ni en discuter la légitimité. En de pareilles conditions, il est impossible qu'une grande nouveauté soit introduite de propos délibéré ; les choses nouvelles se produisent sans qu'on y pense ; elles passent inaperçues des contemporains, ou plutôt il n'y a pas de choses vraiment nouvelles. Nous nous étonnions autrefois que les hommes du XIVe siècle ne se fussent pas exclamés à propos de la première convocation des états généraux. C'était une grande naïveté de notre part. Cet événement qui nous paraît considérable, à nous qui en connaissons les suites, était tout simple pour des hommes qui en connaissaient beaucoup mieux que nous les précédents. Ces précédents sont multiples, et nous n'aurons pas trop de peine à les retrouver, si nous ne les cherchons pas, à la façon des théoriciens, ici ou là : c'est ici et là qu'il les faut chercher.

L'origine des États généraux est antérieure à la féodalité : il y a filiation certaine entre les champs de mai carolingiens et les états capétiens. L'importance du champ de mai a singulièrement diminué au cours de la décadence carolingienne ; mais, sous les derniers rois de la seconde dynastie et sous les premiers de la troisième, nous retrouvons toujours les assemblées des grands ecclésiastiques et laïques[1]. Sans doute, à mesure que la féodalité s'organise, la vie générale perd tout ce que gagne la vie locale ; l'antique assemblée se rétrécissant devient le conseil du roi où les gens du palais ont le principal rôle ; mais le conseil du roi pouvait prendre toutes les formes et recevoir toutes les attributions, parce qu'il n'avait pas de formes précises ni d'attributions définies. Il n'a jamais été un conseil fermé : il s'élargit de temps à autre et redevient une véritable assemblée. Or, au même temps, la féodalité, qui a groupé autour de chaque seigneur des hommes liés à lui par des devoirs et par des droits, forme ces cours féodales, où siègent, en vertu de leur devoir plus encore que de leur droit, vassaux et communes apportant au seigneur aide et conseils. Dès lors, il dut paraître naturel que l'universel suzerain convoquât un jour auprès de lui tous ceux desquels il était en droit de requérir l'aide et le conseil. L'antique institution des assemblées carolingiennes a

---

1. Voir Luchaire, *Histoire des institutions monarchiques de la France sous les premiers Capétiens*, t. I, p. 237 et suiv.

ainsi subi, comme la royauté même, l'influence de la féodalité : celle-ci s'est transformée en suzeraineté universelle, celle-là en états généraux, la transition étant faite par le conseil du roi, qui affectait en maintes circonstances la forme des anciennes assemblées. Ce ne fut donc pas une surprise, quand Philippe le Bel convoqua dans Notre-Dame les trois ordres. Personne ne soupçonna qu'il naquît ce jour-là un droit nouveau; il ne naquit en vérité aucun droit, et cette convocation, loin de marquer l'apparition d'un droit de la nation en face du pouvoir du roi, atteste au contraire le progrès de l'autorité monarchique : il y a désormais en France, au lieu et place de la féodalité et des communes, des ordres de la nation ; au lieu de petits états, monarchiques ou républicains, des conditions dans l'État. Ainsi les anciennes assemblées sont devenues des États généraux par la collaboration, pour ainsi dire, de la monarchie et de la féodalité.

C'est à cause de cette variété même de leurs origines que les États généraux se présentent avec cette forme indécise, qui fait hésiter l'historien sur leur véritable caractère. Il dépendait des événements de la préciser et de l'achever. Les événements parurent se charger de ce soin, car les malheurs de la guerre de Cent ans donnèrent tout à coup aux états une importance extraordinaire; mais la fortune de l'institution fut courte, et la royauté, un moment contenue, reprit l'exercice de son autorité souveraine. Nous voyons bien aujourd'hui que ce fut un grand malheur pour la France et pour la royauté elle-même; mais il n'est point aisé d'en dire les causes. Il y a dans notre histoire deux questions très graves et qui devraient provoquer des recherches profondes : pourquoi la France n'a-t-elle point su conquérir aux XIIIᵉ et XIVᵉ siècles la liberté politique? pourquoi n'a-t-elle pas voulu de la Réforme au XVIᵉ siècle? Ces questions sont sans doute insolubles. En histoire comme dans la nature, la curiosité, lorsqu'elle s'adresse aux choses qu'il serait le plus intéressant de connaître, se heurte à des mystères. On peut conjecturer cependant que si les états généraux, ce produit de la monarchie et de la féodalité, ne sont pas devenus une institution représentative, c'est parce que de ces deux puissances rivales, dont la rivalité pouvait produire une sorte d'équilibre (la liberté politique n'est pas autre chose), la seconde a été en France trop rapidement et trop complètement vaincue. La féodalité portait en elle le germe de la liberté poli-

tique, car elle a pour élément essentiel un contrat qui est une
charte. La féodalité anglaise a gardé les droits inscrits dans le
contrat, les communes anglaises ont défendu les leurs ; ces
privilégiés, barons et communes, se sont entendus pour maintenir
leurs privilèges ; c'est pourquoi l'Angleterre a été de bonne heure
un pays libre. La féodalité française et les communes se sont
laissé atteindre dans leurs droits ; bien que leurs intérêts fussent
communs et qu'elles l'aient senti à plusieurs reprises, elles n'ont
jamais formé contre la royauté que des coalitions locales et tem-
poraires ; elles ne se sont pas entendues pour une coalition perpétuelle : la prompte défaite de la féodalité en France a été fatale à
la liberté[1].

On sait avec quelle habileté Charles V, au temps de sa régence,
déroba aux états généraux sa personne et reprit de leurs mains
l'autorité royale. On ne pouvait attendre de lui qu'il recommençât
l'expérience tentée par ses prédécesseurs et qui avait si mal réussi.
On trouve, il est vrai, sous son règne, des réunions d'états en
1367 et en 1369[2] ; mais ce que nous savons de ces assemblées
permet de dire qu'elles ressemblent fort à des assemblées de
notables : l'autorité royale y a été prépondérante.

Un lettre d'août 1369[3] nous expose l'histoire de deux assemblées tenues cette année-là. Dans la première, à Paris, se trouvent plusieurs princes du sang royal, plusieurs prélats, nobles
et bonnes villes. On y avise au moyen de résister au roi d'Angleterre, qui recommence ses entreprises contre le droit du roi et
de sa couronne. Le roi, qui a démontré par ambassade à Édouard
l'injustice de ses prétentions, communique ses messages à l'assemblée ; l'assemblée « délibère et conseille » qu'il faut s'opposer de
toutes ses forces aux entreprises de l'Anglais et s'offre à aider
le roi de tout son pouvoir. Sur quoi elle se sépare. Alors le roi,
après délibération du conseil, forme une armée de terre et une
armée de mer. La seconde assemblée se réunit à Rouen ; elle se
compose de « plusieurs personnes de nostre sang, barons, nobles
et bonnes villes de notre royaume. » Le roi expose ce qu'il a fait,
montre sa flotte et l'ordonnance de l'armée de mer et de terre ; puis

---

1. Il faut aussi tenir grand compte des circonstances historiques. La guerre
de Cent ans a ruiné toute espérance d'acquisition de liberté politique.

2. Voir, sur ces états, Picot, *Histoire des états généraux*, t. I, p. 198-207,
et Vuitry, *Études*, etc. Nouvelle série, t. II, pp. 120 et suiv.

3. Mandement n° 562.

il « fait aviser » quelles aides il pourrait prendre, qui fussent suffisantes pour payer la dépense; et « tout considéré » il ordonne qu'une aide soit prélevée dans toutes les parties de la langue d'oyl sur les boissons et sur la mouture du blé.

Ainsi le roi consulte une première assemblée sur son droit et le tort du roi d'Angleterre : elle ne pouvait point ne pas trouver qu'il avait bon droit contre le roi Édouard. Sur cette déclaration, il arme : le moment venu de payer la dépense, il réunit une seconde assemblée, la consulte seulement sur le mode de subside, et, en fin de compte, décide, après avoir considéré ce qu'il y a de mieux à faire[1].

D'autres documents nous montrent le roi requérant l'aide d'états provinciaux et de villes[2]. Nous savons d'ailleurs qu'il traitait de gré à gré avec les seigneurs pour l'établissement des aides sur leurs terres[3]. Évidemment, il ne se croit pas le droit de décréter des aides de sa pleine puissance et certaine science; mais on ne voit pas comment ces aides lui auraient été refusées. Cette façon de demander l'aide à des assemblées générales, à des états provinciaux, à des villes, sans règle fixe, empêche qu'il se forme une coalition d'intérêts, qui fût devenue une coalition politique. Aucune tradition ne s'établit qui puisse créer un droit en face du droit du roi. Les états généraux ne sont pas périodiques. Ils n'ont pas de procédure pour leurs discussions et leurs votes. Le roi et ses conseillers, qui assistent aux assemblées, y sont les personnages principaux : ces états ne sont pas autre chose que des conseils élargis. On les fait aller si vite en besogne, que, lorsqu'ils demeurent « ensemble par plusieurs journées, » le roi le dit expressément, comme chose extraordinaire[4]. Pendant ce temps, les années se succèdent; il se forme une perpétuité d'aides provisoires, qui prépare la permanence de l'impôt, et la permanence de l'impôt affranchira la royauté française de ce contrôle financier, qui est devenu tout naturellement, en d'autres pays, un contrôle politique.

En réalité, l'autorité royale n'est plus contrôlée que par

---

1. Dans une autre assemblée tenue à la fin de l'année 1369, on a changé la nature de l'aide, qui, à l'usage, avait paru trop onéreuse (Mandement n° 625).
2. Ordonnances, t. IV, p. 191; t. V, pp. 60, 64, 82, 415, 423, 425.
3. Mandements n° 625 et 854.
4. Mandement 854.

les gens du roi. C'est un contrôle très éclairé, très efficace que celui de la Chambre des comptes, dont la compétence est quasi universelle, précisément parce qu'elle a un avis à donner toutes les fois qu'il y a une dépense ou une recette à faire. La Chambre a de vastes attributions administratives, mais c'est à elle surtout qu'incombe la garde des domaines et des revenus du roi. Elle défend énergiquement ce domaine et ces revenus. Elle connaît de toutes les réductions, exemptions, privilèges [1], des assignations faites par le roi sur telle ou telle recette pour tel ou tel objet. Il ne faudrait point croire qu'elle fût une simple chambre d'enregistrement : on voit bien à la façon dont le roi lui parle qu'elle a pouvoir d'autoriser et d'empêcher. Il arrive plus d'une fois que Charles V, ayant décidé que certaines finances seraient appliquées aux constructions et réparations des édifices qu'il aimait tant, mande et enjoint étroitement aux gens des comptes avec une insistance exceptionnelle de ne s'opposer en aucune façon aux effets de cette décision, et mentionne expressément qu'elle a été prise après délibération du conseil. La Chambre ne se considérait pas comme obligée à faire l'enregistrement quand il avait été ordonné par le roi. Elle avait une certaine armoire derrière une porte, où elle mettait les « chartes refusées. » Des lettres du roi, portant que l'église de Paris sera exempte des droits d'amortissement pour tous les biens acquis par elle, jusqu'au jour de la date de ces lettres, portent la mention qu'elles n'ont point été enregistrées « dans le livre des chartes de la Chambre, mais qu'elles ont été placées dans l'armoire qui est derrière la porte de la grande chambre, avec les autres chartes refusées et non expédiées, *cum aliis chartis refutatis et non expeditis* [2]. »

Tant que la vérification des lettres du roi n'était point faite par la Chambre, elles ne valaient pas. Le roi Jean avait accordé en 1362 un privilège aux chartreux de Villeneuve, près Avignon ; en 1380, les lettres n'étaient pas encore vérifiées ; aussi étaient-elles considérées comme nulles par les officiers royaux. Les religieux implorent la grâce du roi pour qu'il les fasse vérifier. Le roi ordonne la vérification et l'enregistrement [3] ; mais dix-huit ans

1. Ordonnances, t. IV, p. 503.
2. Ordonnances, t. V, p. 598.
3. Ordonnances, t. VI, p. 490.

se sont écoulés depuis les lettres du roi Jean. Les ordres de cette sorte devaient souvent être réitérés, et il y avait de véritables conflits entre le roi et la Chambre. Un vicomte a reçu du roi l'ordre de donner à Jean de la Rivière dix tonnes de vin confisquées; le vicomte n'en a rien fait, parce qu'il a reçu des gens des comptes un mandement contraire. Le roi est obligé de renouveler l'ordre[1]. — Le roi a donné à son échanson, qu'il a fait chevalier, 600 livres parisis de rentes, assignées sur des recettes de vicomtés normands, plus une terre vacante par forfaiture. Les gens des comptes refusent de passer et délivrer les lettres du roi. Le roi fait une concession; il défalque des 600 livres de rente les 51 livres que vaut la terre; mais, plus tard, il donne au même personnage, pour lui et ses héritiers, une autre terre : les gens des comptes refusent de *passer et vérifier* ces nouvelles lettres, ou, du moins, ils les modifient de façon que le don ne soit applicable « qu'à la vie seulement » du donataire. Le roi déclare alors qu'il a fait la donation à l'échanson et à ses descendants[2]. — Le roi a donné au sire de Tournebu, en récompense de ses services, une terre qui avait appartenu à Olivier de Clisson; il n'a point jugé à propos de faire vérifier par la Chambre les lettres par lesquelles ce don a été fait; du reste, il a rendu ensuite au fils d'Olivier Clisson la terre paternelle. Les gens des comptes poursuivent Tournebu en restitution de ce qu'il a eu, reçu et levé dans cette terre. Ils font saisir ses biens. Tournebu invoque les services rendus, sa captivité, le souvenir de ses enfants morts étant otages; et le roi, en ses requêtes, le déclare quitte. Ces nouvelles lettres royales sont présentées à la Chambre pour être entérinées; la Chambre les refuse et fait savoir à Tournebu qu'elle ne passera jamais ces lettres et qu'elle ne le tiendra jamais quitte qu'il n'ait payé. Le roi, alléguant les services rendus par Tournebu, ordonne de le tenir quitte, bien que les lettres n'aient pas été vérifiées[3]. — Le roi redoit à un chevalier, pour le service qu'il a fait pendant la guerre, neuf cents royaulx d'or; il a voulu lui faire remise d'une amende de 500 livres, mais les gens des comptes « n'ont voulu obéir; » il est obligé

1. Mandement n° 31.
2. Mandement n° 992.
3. Mandements n°ˢ 930, 937.

de chercher un autre moyen de donner satisfaction à son créancier [1].

Comme la Chambre a charge de vérifier tous les comptes, les actes royaux qui modifient ces comptes passent devant elle. Il est difficile de s'imaginer comment elle a pu suffire à la besogne. De bonne heure, elle a pris conscience de son importance. Elle a établi des règles, qui sont devenues des lois, auxquelles elle a soumis le roi lui-même [2]. Elle défend contre le roi les droits de la couronne : elle en fait, si l'on peut dire, sa chose. Il semble que le domaine lui appartienne, et son autorité est déjà si bien établie qu'on en appelle à elle des décisions royales qui portent une atteinte quelconque au domaine [3]. Un esprit de corps très puissant s'est formé dans son sein. Il y a un « honneur » de la chambre des comptes, qu'elle fait respecter impitoyablement. Elle a un jour condamné un grènetier à une amende de 6,000 livres, et ordonné qu'il serait emprisonné jusqu'à paiement. Les biens du grènetier ont été mis en vente ; mais son avocat s'est opposé à ce qu'ils fussent délivrés à l'acquéreur, disant que son client avait été indûment condamné, et plusieurs autres « paroles déshonnêtes… contre l'honneur et état de la Chambre. » La Chambre ordonne qu'il s'amende. Sur son refus, l'huissier des comptes l'arrête et le met au Châtelet : l'avocat vient au bureau faire amende honorable. Il en avait appelé au Parlement ; mais le chancelier avait refusé de sceller les lettres d'ajournement, alléguant qu'il avait vu à la Chambre des comptes des ordonnances royales qui défendaient ces ajournements. C'était en effet une règle que les appels contre une décision de la Chambre ne pussent être examinés que par la Chambre elle-même [4]. Elle était, de par le roi, comme le Parlement, cour souveraine.

De tels privilèges n'allaient point sans une limitation du pouvoir royal. Plusieurs exemples ont montré que le roi annu-

---

1. Mandement 255.

2. Le roi avait fait un don à son frère le duc d'Anjou. Ce don n'est pas valable, les gens des comptes n'ayant pas voulu vérifier les lettres, parce que le roi y a mis que le receveur de ces dons sera institué par son frère, au lieu que les gens des comptes veulent qu'il soit institué par le roi, et aussi parce qu'il a négligé de garder « certaine forme que nos dictes Gens des comptes veulent être gardée en nos dictes lettres. » Ordonnances, t. VI, p. 129.

3. Ordonnances, t. VI, p. 161.

4. Ordonnances, t. VI, p. 140.

lait au besoin les décisions de la Chambre et qu'il passait outre à ses résistances, mais l'autorité des gens des comptes n'en était guère diminuée. Le recours au roi de ceux qu'avait frappés une de leurs décisions n'était point facile; l'effet s'en pouvait faire longtemps attendre, et la Chambre, acharnée contre le récalcitrant, multipliait ses rigueurs. Nous avons vu qu'un officier, placé entre un ordre du roi et un mandement contraire des gens des comptes, obéit à ceux-ci. Il sait bien que s'il ne le fait pas, la Chambre, le jour où elle vérifiera ses comptes, lui imputera la restitution du don qu'il aura délivré en dépit de ses ordres. La menace souvent répétée aux officiers de ne point allouer en leurs comptes telle ou telle somme, c'est-à-dire de ne point les en décharger, les rendait dociles. D'ailleurs le roi cède souvent aux bonnes raisons données par ses gens; il refait ses lettres quand les formes voulues par la Chambre n'y sont pas respectées. Ce contrôle, qui le gênait parfois et même l'irritait, il le savait nécessaire et y trouvait une protection contre lui-même.

V.

Ce monarque à peu près absolu et qui ne souffre d'autre limitation à son pouvoir que celles qu'il y a faites lui-même, quelle idée se formait-il de ce pouvoir, de ses origines, de son étendue et de la façon dont il le devait exercer? Trois documents du règne de Charles V, l'ordonnance relative à la majorité des rois [1], le règlement pour la régence [2] et le règlement pour la tutelle des enfants du roi [3], permettent d'essayer de répondre à cette question.

Le préambule de l'ordonnance relative à la majorité des rois est plein de considérations mystiques sur l'excellence et la dignité particulière d'un fils aîné de roi. Sans doute, y est-il dit, tous les enfants royaux doivent être élevés avec plus de soin que ceux des autres hommes et recevoir la bonne doctrine pendant la jeunesse, afin de trouver la sagesse quand viendront les cheveux blancs; mais l'aîné doit recevoir en plus grande abondance la bénédiction

---

1. *Ordonnances*, t. V, p. 26.
2. *Ibidem*, p. 45.
3. *Ibidem*, p. 49.

paternelle, comme Jacob la reçut d'Isaac, qui lui dit : « Que Dieu te donne la rosée du ciel, la fécondité de la terre, le froment, le vin et l'huile avec profusion ; que les peuples te servent et que les tribus t'adorent ; sois le seigneur de tes frères et que les fils de ta mère se courbent devant toi ! » Pour montrer que ce fils aîné n'est point incapable de régner à l'âge de quatorze ans, le roi invoque l'exemple de Joas régnant dès la septième année, de David recevant dans l'adolescence l'onction sainte ; il invoque aussi l'autorité d'Ovide qui a dit, dans l'*Art d'aimer*, qu'aux Césars la vertu n'attend pas le nombre des années : *Cesaribus virtus contigit ante dies*..... Mais par-dessus tout, dit-il, « demeure gravé dans notre cœur en caractères indélébiles le souvenir du gouvernement de notre très saint aïeul, prédéces- seur, patron et spécial défenseur, le bienheureux Louis, fleur, honneur, lumière et miroir, non seulement de notre race royale, mais de tous les Français, dont la mémoire sera bénie jusqu'à la fin des siècles, de cet homme que n'a touché, grâce à la faveur divine, la contagion d'aucun péché mortel... Sa vie doit être notre enseignement. Or, son histoire nous apprend que les plus grands et plus redoutables ennemis du royaume ont été vaincus par les armes de ce roi enfant, qui prit le gouvernement à l'âge de quatorze ans, reçut les hommages des prélats, des pairs et autres vassaux, et l'onction sainte et la couronne... » Viennent enfin des réflexions sur les troubles des minorités, sur l'effi- cacité du gouvernement d'un roi, même enfant, et sur la spéciale vertu attachée à la personne royale[1]. Sur ces considérants est établie la loi qui fixe à quatorze ans l'âge de la majorité des rois. Mais le roi a réservé comme décisive une dernière raison : pour la prise de possession du gouvernement, il n'y a point d'âge fixe et déterminé pour le roi, qui est affranchi de toutes lois ; « les lois, qui exigent un certain âge pour la majorité, disposent seu- lement pour ceux qui leur sont soumis. »

Il faut prendre garde, sans doute, de prêter aux mots qu'on rencontre dans des documents de cette sorte une valeur qu'ils n'ont pas, et de chercher des révélations historiques dans des for- mules : cette façon de citer la Bible et Ovide, la *Genèse* et l'*Art*

---

1. Ici des exemples historiques empruntés à l'histoire de la Macédoine et celle de la France.

d'aimer, est une mode d'un temps ; mais il y a ....e chose, dans cette solennelle ordonnance, que des mots, des formules et une mode littéraire. Il y a la façon dont la royauté pensait sur elle-même. Il n'est point indifférent de savoir que le roi de France met au nombre de ses prédécesseurs David, Salomon et Joas, qu'il attache un tel prix à l'onction sainte et se recommande pieusement du souvenir de saint Louis. Ce fut peut-être la plus grande force de la royauté au moyen âge de s'être ainsi placée tout près de Dieu et d'avoir inspiré au peuple une sorte de religion. Un grand écrivain, qui a décrit en traits admirables le caractère sacré de notre ancienne royauté, appelle cette religion la religion de Reims. Il dit encore que la France a créé un huitième sacrement, le sacrement de la royauté[1]. Ces mots, si bien trouvés, expriment une vérité historique. On ne comprend pas l'histoire de la royauté française, si l'on n'estime point à son prix cette force morale indéfinissable et indéfinie. Elle s'ajoutait aux droits politiques que le roi tenait de sa qualité de suzerain. Elle se mêlait pour la sanctifier, si l'on peut dire, à l'idée étrange aussi et mystique du caractère impérial de la royauté française. Le préambule de notre ordonnance met César auprès de David : ainsi sont employées, pour exalter le roi, les histoires profane et sacrée. Aussi aucun pouvoir en ce monde n'est-il supérieur au sien. Le pape ne peut toucher à une autorité qui procède de David et de saint Louis. Dans le *Songe du Verger,* quand le chevalier entend dire par le clerc que le pape Zacharie a déposé le roi Childéric : « Ce n'est pas vrai, s'écrie-t-il, vous ne trouverez cela en aucune vraie écriture, car jamais les barons de France ne l'eussent souffert. » Ce sentiment du caractère sacré de la dignité royale explique et l'indépendance de saint Louis et la conduite de Philippe le Bel à l'égard du saint-siège. Pas plus que le pape, l'empereur ne peut revendiquer une prééminence sur nos rois : ils croient procéder de l'empereur romain, tout aussi bien que le César germanique : la *Somme rurale* dit et répète que les nobles rois de France sont empereurs en leur royaume : aussi lorsque Charles IV d'Allemagne vint à Paris pour visiter son neveu Charles V, celui-ci lui envoya,

---

1. Renan, *la Monarchie constitutionnelle en France* (tiré à part de la *Revue des Deux-Mondes,* Paris, Michel Lévy, 1880).

rapportent les Grandes Chroniques, un cheval noir, car sachant
que l'empereur avait coutume de faire son entrée dans ses
bonnes villes sur un cheval blanc, il ne voulait point qu'il
fît en France mine de « domination. » Pour lui, il alla
au-devant de son oncle, monté sur un grand palefroi blanc
richement ensellé tout aux armes de France. Encore une
fois, ce ne sont point là de purs symboles ni de vaines cérémonies. On se conduit dans le monde selon l'opinion que l'on
a de soi-même. Dans cette incertitude où les premières atta-
ques de la royauté, ses succès rapides, les prétentions des
légistes, le trouble causé dans le royaume par la guerre ont
réduit les droits anciens, celui-là est hardi à tout entreprendre,
qui est si sûr de son droit. Et il y a une application pratique de
ces théories : le roi de France regarde de haut ceux qui sont
soumis aux lois, dont il est lui-même affranchi, *legibus solutus*.
Les prémisses solennelles de l'ordonnance mènent à cette conclusion que le droit commun n'est pas fait pour les rois : un
simple seigneur sera majeur à vingt et un ans, le roi à quatorze
ans. C'est en faisant accepter des idées de cette sorte que la
royauté est sortie du cadre féodal. Ces idées ne doivent pas être
négligées par l'historien : elles sont des faits historiques de grande
importance.

Comment ce pouvoir sacré s'exerce-t-il ? Le premier devoir du
roi est de s'éclairer par les conseils qu'il demande. « Nous avons,
pour donner des conseils à la majesté royale, des hommes illustres
et superillustres, lettrés, sages et savants, dont les pensées et les
actions sont l'honneur du monde[1]. » C'est une tradition de la royauté
dont elle se glorifie que d'avoir de bons conseillers. « De temps
comme les grans fais et les grans besoignes sont faites par conseil de plusieurs sages hommes, de tant sont-elles plus seures et
certaines, et aussi que nous et nos précédesseurs nous fuymes
toujours gouvernez et gouvernons en tous nos faiz par conseil de
grant nombre de sages hommes, clers et lays[2]... »

Charles V nomme les conseillers dont il veut que soit entou-
rée la reine tutrice de ses enfants : ce sont les archevêques de
Reims et de Sens, les évêques d'Auxerre et d'Amiens, l'abbé

<hr>

1. Dans l'ordonnance relative à la majorité.
2. Dans l'ordonnance relative à la tutelle.

de Saint-Denis et celui de Saint-Maixent, le chambellan, le connétable, le bouteiller, deux maréchaux, l'amiral, le maître des arbalétriers, le panetier, le souverain maître de l'hôtel, garde de l'oriflamme, deux chambellans, deux présidents au Parlement, des chevaliers, quatre maîtres de la Chambre des comptes, un général conseiller sur le fait des aides, un avocat du roi au Parlement, six des plus notables et plus suffisants bourgeois de notre ville. Entre tous ces personnages, il donne pour ainsi dire la première place à son premier chambellan, Bureau de la Rivière, sans le « conseil et délibération » duquel aucune « besogne » ne pourra être faite « sur le gouvernement » des enfants royaux. Cette liste de conseillers est fort instructive : grands dignitaires de l'Église, officiers du roi attachés à sa personne, membres du Parlement, de la Chambre des comptes, chevaliers, bourgeois, tous les ordres de la nation sont représentés là, sauf la haute noblesse ; mais ces représentants sont les élus du roi ; ce qui fait leur qualité, c'est la faveur royale qui distingue ces prélats entre les autres, qui a valu à tel gentilhomme un des offices de la maison, à tel chevalier, docteur ou bourgeois l'entrée au Parlement ou à la Chambre des comptes. Cette compagnie était l'habituelle société de ce roi, qui, étant sage lui-même, c'est-à-dire savant, aimait les hommes doctes, et, ayant pour principale vertu la prudence, honorait les hommes de sens et d'expérience.

Ces conseillers sont les principaux serviteurs du roi, les compagnons privilégiés de sa personne ; mais l'armée de ces serviteurs est nombreuse : « Nous avons, dit encore l'ordonnance relative à la majorité des rois, pour régir notre domaine et le gouverner, pour faire la guerre afin de soutenir les bons et de punir les méchants, pour administrer les provinces et pour donner à chacun, sans distinction de personne, la légitime justice qui, grâce à Dieu, passe pour fleurir dans notre royaume, des offices distincts et bien appropriés. » En effet, au-dessous du Conseil, du Parlement, de la Chambre des comptes, de la Chambre des aides qui s'organise, d'une sorte de bureau des finances composé de trésoriers et de conseillers, d'un conseil de guerre où siègent le connétable et les maréchaux, s'échelonne dans les provinces directement soumises et pénètre, comme on a vu, en terre féodale, la double hiérarchie des officiers royaux : lieutenants du

roi, sortes de gouverneurs royaux ; baillis et sénéchaux, ayant
au-dessous d'eux prévôts et vicomtes ; receveurs du domaine ;
receveurs et clercs des aides ; officiers de gabelle, monnayers,
forestiers, tout un monde administrant, si nombreux qu'on cher-
cherait vainement son pareil dans les autres États de la chré-
tienté. La royauté s'efforce d'y mettre de l'ordre par la distinction
des attributions ; les aides ont leur administration séparée de celle
des domaines ; les baillis et sénéchaux, qui cumulaient tous les
pouvoirs au début, ne sont plus que des officiers de guerre et de
justice, de justice surtout. Le roi de France se complaît dans cette
œuvre ; il est fier que la justice passe pour fleurir dans son
royaume, fier de la distinction mise entre ces offices, dont chacun
est approprié à sa besogne.

Quel est enfin l'objet de tout ce grand travail? « L'office des
rois est de gouverner et administrer sagement toute la chose
publique, non mie partie d'icelle mettre en ordonnance et l'autre
laissier sans provision convenable ; et ès faiz et besoignes dont
le plus grand péril puet venir, pourveoir plus hastivement,
et y quérir et mettre les remèdes plus nécessaires et convenables, plus honnorables et profitables qui y pueent estre mis,
tant pour le temps de leur gouvernement comme pour cellui de
leurs successeurs [1]. » Ce ne sont pas non plus de vaines paroles :
ainsi ont parlé saint Louis et Philippe le Bel au lit de mort :
« Louis, dit Philippe le Bel, pesez ces paroles : Qu'est-ce que
d'être roi de France?... Pensez au bon gouvernement de vostre
royaume et gardez justice soigneusement, tout à vostre pouvoir.
D'ailleurs vous enjoins, tant comme je puis, que vous sachiez
par vous-mesme, à vostre pouvoir, l'estat de vostre royaume, et
le plus tost que vous pourrez [2]. » Gouverner par soi-même, administrer toute la chose publique, sans omettre aucune partie, voilà
l'office royal. Le roi a un devoir envers la chose publique. Ce
devoir est perpétuel ; il se transmet de père en fils : ou plutôt
« le roi ne meurt jamais ; » ses enfants et lui ne font qu'un ; il
revit en ses fils et « par eux participe à l'immortalité ; » il se
repose sur eux « du soin de garder après eux la République en

1. Dans le règlement pour la régence.
2. Guillaume l'Écossais, au t. XXI des *Historiens de France*. Voir la *Mort
de Philippe le Bel*, par Frantz Funck Brentano. Paris, Picard, 1884.

honneur et prospérité ; » aussi ne distingue-t-il pas entre l'intérêt de l'État et celui de ses enfants ; c'est une seule et même chose, celle qu'il doit le plus chèrement aimer après Dieu [1]. Ces paroles achèvent de définir le caractère de l'autorité royale, tel que se le représentaient nos rois au XIVe siècle. Le roi de France est un homme élu de Dieu, qui l'a fait naître dans une race privilégiée à laquelle il a confié l'honneur et le devoir de gouverner souverainement, mais sagement, le royaume de France. Consulter, délibérer, gouverner, c'est, au temps de Charles V, l'occupation principale du roi et de cette cour sérieuse et laborieuse, si différente de celle qui entourera le roi lorsque la royauté, ayant achevé sa fortune, la dépensera en loisirs, en splendeurs et en folies.

1. Dans l'ordonnance relative à la majorité.

Nogent-le-Rotrou, imprimerie DAUPELEY-GOUVERNEUR.